Programma **Socrates**

Progetto
lingua italiana

Parlando
italiano

Libro di testo
secondo volume

Guerra Edizioni

Parlando Italiano
è frutto della collaborazione
internazionale nell'ambito del
progetto Lingua Italiana.

Coordinamento
Gianni Cammarota

Redazione
Fondazione di sostegno didattico (ABC) di Amsterdam (Paesi Bassi)
Gianni Cammarota, Daniela Fasoglio, Luisa Prando.

Università per Stranieri di Perugia
Maria Clotilde Boriosi-Katerinov, Katerin Katerinov, Mauro Pichiassi.

Gruppo di Ricerca "Filologia Italiana ", Università di Siviglia (Spagna)
Manuel Carrera Diaz, Pilar Rodriguez Reina.

Consulenza
Istituto Nazionale di Sviluppo Curricolare, SLO, Enschede (Paesi Bassi)
Han van Toorenburg.

Servizio di Coordinamento per la Ricerca e l'Innovazione Pedagogica e
Tecnologica (SCRIPT) del Ministero dell'Educazione nazionale Lussemburghese
André Wengler, Jeanne Steinmetzer.

Istituto di Pedagogia per l'Assia (HeLP) di Fuldatal (Germania)
Graziella Auburtin.

Progetto grafico
Keen s.r.l.
Silvia Bistacchia.

Copertina
Keen s.r.l.
Silvia Bistacchia.

Impaginazione
Keen s.r.l.
Silvia Bistacchia, Yuriko Damiani.

Ricerca iconografica
Keen s.r.l.

Disegni
Moreno Chiacchiera.

Fotografie
Andrea Almadori, Francesca Manfredi.

Stampa
Guerra – Perugia.

Si ringraziano in modo particolare Elisabetta Materassi e Arthur Prakken per i
suggerimenti ricevuti dopo la sperimentazione in classe del materiale di
Parlando Italiano.

I edizione
© Copyright 2000 Guerra Edizioni - Perugia

ISBN 88-7715-486-1

Guerra Edizioni
via Aldo Manna, 25 - Perugia (Italia) - tel. +39 075 5289090 - fax +39 075 5288244
e-mail: geinfo@guerra-edizioni.com - www.guerra-edizioni.com

introduzione

Parlando Italiano 2

è la seconda parte del corso di italiano per stranieri *Parlando Italiano*, destinato agli studenti delle scuole medie superiori. Si tratta di un corso *comunicativo, funzionale, tematico*. **Comunicativo**, perché l'allievo impara ad *agire attraverso la lingua* in situazioni connotate dal punto di vista sociolinguistico e culturale. **Funzionale**, perché l'allievo impara a riconoscere e a produrre le principali *funzioni linguistiche* che ricorrono nelle situazioni in cui potrebbe trovarsi a interagire con coetanei e adulti nativi. **Tematico**, perché ciascuna unità ruota intorno a un argomento specifico e consente all'allievo di acquisire una sufficiente padronanza del vocabolario necessario per interagire in quell'ambito.

Parlando Italiano 2 si compone dei seguenti elementi:

- Libro di testo
- Quaderno di lavoro
- Cd-Rom/Cd-Audio (o audiocassetta)

Il *Libro di testo* (LT) si compone di 5 unità, suddivise in sezioni.

Ogni sezione comprende:

1. Testi di ascolto e di lettura, prevalentemente autentici, dai quali emerge l'uso delle funzioni linguistiche che vengono trattate nella sezione. I testi sono sempre preceduti da domande guida che aiutano l'allievo ad avvicinare il testo con uno scopo ben preciso.
2. Esercizi di comprensione globale (e, man mano che il corso procede, anche analitica) dei testi.
3. "Come fare per...": esplicitazione delle funzioni linguistiche presenti nei testi.
4. "Attività": esercitazioni da svolgersi subito dopo "Come fare per...". Vanno eseguite in coppia o in piccolo gruppi e sono volte a facilitare e verificare l'assimilazione delle funzioni linguistiche.

introduzione

5. Rimandi al Quaderno di lavoro (QL) per gli esercizi.
6. Rimandi alle schede grammaticali sul Quaderno di Lavoro per un approfondimento grammaticale. Questi rimandi si trovano esclusivamente laddove una certa regola grammaticale venga vista nella sua applicazione.
7. "Incontri": in questa parte, costituita da due pagine di materiale completamente autentico, si presentano di volta in volta aspetti di vita e cultura italiana vicini al mondo dei ragazzi.
8. Trascrizione dei testi di ascolto.

Il *Quaderno di lavoro* (QL) fa parte integrante del *Libro di testo*, del quale ripete la struttura, e contiene esercizi e attività di vario tipo, da svolgere sia in classe sia a casa.

Ogni sezione comprende:

1. Esercizi sui testi presenti nel LT.
2. Esercizi sulle funzioni linguistiche.
3. Esercizi di lessico.
4. Esercizi per lo sviluppo delle strategie di apprendimento.
5. Esercizi di carattere comunicativo per lo sviluppo della produzione scritta.
6. "Giochi di ruolo". Si presentano in L1 alcune situazioni all'interno delle quali viene richiesto di usare in modo produttivo le funzioni linguistiche presentate nella sezione.
7. Attività sugli "Incontri", corredate ogni volta di alcune parole chiave per facilitare la comprensione di testi scritti, la cui complessità é naturalmente supariore a quella degli altri testi all'interno della sezione.
8. "Occhio alla Grammatica!": brevi spiegazioni delle regole viste nel LT e relativi esercizi grammaticali.
9. "Parole": un aiuto pratico per memorizzare e utilizzare a livello prduttivo i vocaboli più importanti suddivisi per area tematica.
10. "Glossario": l'elenco delle parole produttive e ricettive con la possibilità di inserire il significato in L1.
11. "Compendio grammaticale": gli argomenti delle Schede Grammaticali ripresi in modo più analitico.

Il *Cd-Rom* comprende esercizi e attività diversi da quelli presenti nel Libro di testo e nel Quaderno di lavor Ciascuna delle cinque unità è suddivisa in sette fasi:

1. Prima di cominciare (test d'ingresso)
2. Dialogo
3. Lavoro sul dialogo
   a. 2 test di comprensione
   b. esercizi sul dialogo (pronuncia e intonazione; completamento)
4. Grammatica (schemi con spiegazioni ed esercizi)
5. Lessico ed esercizi
6. Dettato
7. Civiltà (lettura)

Questo strumento offre all'allievo la possibilità di:

- prolungare, oltre le ore in classe, il tempo di esposizione alla lingua parlata e scritta
- riprendere gli argomenti delle lezioni attraverso materiali linguistici nuovi
- esercitarsi sui punti di maggiore difficoltà di apprendimento
- ripetere più volte lo stesso esercizio e confrontare le diverse esecuzioni
- avere un feed-back immediato del lavoro svolto in maniera autonoma (con indicazione del punteggio ottenuto)
- avere a disposizione un aiuto immediato, richiamando schemi grammaticali corredati di spiegazioni

- seguire un percorso di apprendimento individuale passando in modo non sequenziale da un punto all'altro del programma
- esercitare le abilità di comprensione orale e scritta (lettura)
- esercitare le abilità di scrittura (con correzione degli errori)
- esercitare la pronuncia e l'intonazione (con possibilità di confrontare la propria pronuncia con il modello)
- autovalutare il proprio profitto a diversi stadi di apprendimento.

Il CD-ROM funge anche da CD-Audio e riporta anche le registrazioni dei testi d'ascolto presentati sul LT e sul QL.

Il corso multimediale **Parlando Italiano** dà ampio spazio allo sviluppo delle abilità ricettive e produttive. L'attività di *ascolto* è sempre guidata attraverso compiti di vario tipo, che hanno lo scopo di focalizzare l'attenzione dell'allievo sulle informazioni da rintracciare nei testi orali. All'inizio vengono proposti soprattutto dialoghi, poi, gradualmente, anche altri tipi di testi. Le informazioni ricavate dai testi ascoltati servono sempre come stimolo per le attività di produzione orale.

L'attività di *lettura* mira essenzialmente a sviluppare le strategie di comprensione di un testo scritto nella sua globalità. Gli "Incontri" danno l'opportunità anche di cimentarsi con testi di lettura estensiva.
Lo sviluppo dell'abilità di *produzione orale* è assicurato dalle numerose attività di coppia che presuppongono un coinvolgimento costante degli allievi attraverso l'assunzione di ruoli in contesti di situazione. Dopo una fase di esercitazione guidata (le "Attività", proposte sul LT), ogni funzione linguistica viene riutilizzata in contesti liberi, cioè in situazioni che riguardano da vicino la realtà degli allievi.
In questo stadio di apprendimento l'attenzione è sempre rivolta alle strategie comunicative e alla fluenza, ma viene anche tenuta in maggiore considerazione la correttezza formale degli enunciati. Tramite le *Schede Grammaticali*, la grammatica viene appresa nella misura in cui è funzionale alla capacità di esprimersi nei diversi contesti proposti. Agli allievi con maggiori curiosità e interessi linguistici, il *Compendio* offre la possibilità di un approfondimento.

L'abilità di *scrittura* viene sviluppata attraverso una serie di attività che vanno dalla redazione di semplici testi a struttura fissa (biglietto di auguri, inviti, cartoline, schede di iscrizione) alla stesura di testi a struttura aperta (lettere di tipo confidenziale, e-mail, resoconti).

La competenza comunicativa che si raggiunge attraverso un corso di lingua di corta durata è per forza di cose relativa, in quanto dipende dalle situazioni contemplate in classe. Inoltre, essa non può dirsi completa se non si acquisisce anche la *competenza strategica*, spesso trascurata nei corsi di lingue.
Parlando Italiano si propone quindi di sviluppare, insieme alle diverse abilità, le strategie reattive da mettere in gioco per compensare la conoscenza imperfetta di regole linguistiche e sociolinguistiche, indicando per esempio i vari modi di tenere aperto il canale della comunicazione quando si deve prendere tempo per pensare a cosa si dice in una data situazione, a come dirlo, per trovare un sinonimo di una parola che non viene in mente, per cambiare stile espressivo in relazione all'interlocutore.

Si ricorda infine che uno dei principali obiettivi di **Parlando Italiano** è quello di rendere gradualmente autonomo l'allievo nel suo processo di apprendimento. Da un apprendimento prevalentemente guidato dall'insegnante, si va verso un apprendimento sempre più basato sulle strategie individuali dell'allievo, che *impara ad apprendere* con l'aiuto di sussidi didattici opportunamente programmati, oltre che, naturalmente, con la guida discreta dell'insegnante.

schema delle unità

legenda

 Ascolta

 Prendi nota

 QL   Vai al Quaderno di Lavoro

 SG   Vedi la Scheda Grammatical

*   Argomento incontrato nel
primo volur

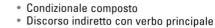

TESTI DI ASCOLTO

unità

La casa

1

uno

unità 1
La casa

sezione 1   **DOVE ABITI?**

IN QUESTA SEZIONE IMPARERAI A:

- CHIEDERE E DARE INDICAZIONI DI PERCORSO
- DARE INDICAZIONI DI LUOGO

Paolo sta cercando un appartamento in affitto a Roma.
Quale di queste inserzioni fa al caso suo?
Perché? Parlane con un tuo compagno.

Paolo: 28 anni
Insegna ginnastica in un liceo
Guadagna 2 milioni e mezzo al mese
Ha un cane

1

CASSIA Piano terra, soggiorno, angolo cottura, camera, bagno + mq 70 giardino risc. aut. Euro 466 (Lit. 900.000) mensili tel. 98473645

2

S.MARIA DELLE MOLE in piccolo condominio, app.to mq 180 salone cucina tinello tre camere mansarda con caminetto, 2 bagni, 2 posti auto Euro 780 (Lit. 1.500.000) mensili. Tel 92003847

6

CASILINA mq 130 salone doppio con camino tre camere cucina bagno ripostiglio termoautonomo giardino, Euro 750 (Lit. 1.450.000) mensili. Tel 94837465

3

CAMERA ammobiliata singola affittasi a studenti universitari in appartamento con altri studenti, lavatrice, a 200 m da Università, Euro 365 (Lit. 700.000) mensili tutto compreso. Tel 44243209

7

CAMERA ammobiliata con uso cucina + lavatrice affittasi solo a studentesse , Euro 365 (Lit.700.000) mensili + spese. Tel 55498364

4

STANZA singola in appartamento zona centrale affittasi a ragazzi non residenti, Euro 235 (Lit. 450.000) mensili + spese. Tel 983273645

8

CAMERA ammobiliata con uso cucina affitto a studentessa, anche straniera. Euro 260(Lit. 500.000) mensili tutto compreso. Tel 85763920

5

CASILINA App.to ottimo stato al secondo piano salone grande due bagni cucina abitabile tinello armadi a muro Euro 545 (Lit. 1.050.000) mensili. Tel 29839903

Asterix

TERRAZZO ALL'APERTO - GOLOSE SENSAZIONI
VIDEO GAMES - MUSICA
CENTRO STORICO
VIA GUARDABASSI, 4 - PERUGIA
Tel. 5736827

CAFFE' MORLACCHI
P.zza Morlacchi, 6

ENTE PROMOZIONE TURISMO
Corso Vannucci
(dietro l'ufficio postale)

UFFICIO INFORMAZIONI TURISTICHE
P.zza IV Novembre

CINEMA TURRENO
P.zza Danti, 13

PASTICCERIA SANDRI
Corso Vannucci, 32

▶ QL 4

Paolo telefona a Marco da una cabina telefonica in Piazza della Repubblica.
Qual è il motivo della telefonata?

▶ QL 5

COME FARE PER... **CHIEDERE INDICAZIONI DI PERCORSO E ...**

Scusi,	(mi sa/può dire)	dov'è	via Garibaldi?
Scusa,	(mi sai/puoi dire)		Piazza della Repubblica?

... DARE INDICAZIONI DI PERCORSO

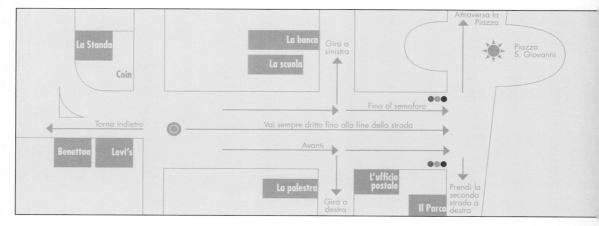

La Standa
Coin
La banca
La scuola
Gira a sinistra
Attraversa la Piazza
Piazza S. Giovanni
Fino al semaforo
Torna indietro
Vai sempre dritto fino alla fine della strada
Benetton   Levi's
Avanti
La palestra
Gira a destra
L'ufficio postale
Il Parco
Prendi la seconda strada a destra

SG
1, 2, 3

c'è strada e strada

la (strada) statale	SS 2	l'autostrada	A 25
la (strada) provinciale	SP 37	la superstrada	E 55

via   viale   corso   piazza

ATTIVITÀ 1

Guarda la piantina di b². Tu sei al ◉. Scegli una destinazione, ma non dirla al tuo compagno.
Spiegagli il percorso per arrivare alla destinazione che hai scelto. Il tuo compagno deve capire qual è.
Poi scambiatevi il ruolo. Scegliete almeno due destinazioni a testa.

ATTIVITÀ 2

a) Sei in visita a Firenze per la prima volta.
Ti trovi in Piazza Santa Maria Novella e chiedi
le indicazioni ad un passante per raggiungere:

1. Piazza della Repubblica
2. Via Cavour
3. Piazza della Signoria
4. Ponte Vecchio
5. Piazza del Duomo

Il tuo compagno fa il ruolo del passante.
Scambiatevi i ruoli ad ogni indicazione.

Esempio:
- *Scusi, mi può dire dov'è via Cavour?*
~ *Sì, vai sempre dritto fino a*
  Piazza S. Giovanni. Lì gira a destra.
- *Allora, vado sempre dritto fino a*
  Piazza S. Giovanni e lì giro a destra.
~ *Sì, proprio così.*
- *Grazie.*
~ *Di niente, arrivederci.*

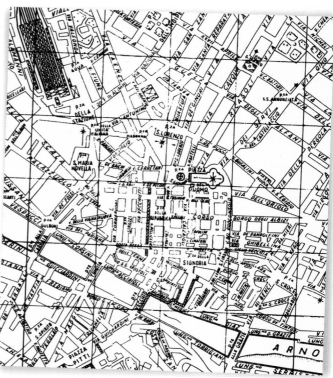

QL
6, 7

▶ **QL** 8

C¹

Ascolta quello che dice la guida turistica. Fai attenzione alle sue indicazioni di percorso e cerca di capire quali monumenti di Firenze vengono nominati.

S. Maria Novella, Firenze

COME FARE PER... **DARE INDICAZIONI DI LUOGO**

Dove sono gli obelischi?	▶ ▶ ▶ ▶	**Al centro della** piazza.
Dov'è la chiesa?	▶ ▶ ▶ ▶	**Di fronte agli** obelischi.
Dov'è la Loggia di San Paolo?	▶ ▶ ▶ ▶	**Dalla parte opposta della** piazza.
Dov'è piazza S. Giovanni?	▶ ▶ ▶ ▶	**Alla fine della** strada.
Dov'è la Loggia del Bigallo?	▶ ▶ ▶ ▶	**All'angolo con** via de' Panzani.
Dovè'il Battistero?	▶ ▶ ▶ ▶	**Tra** le due piazze.
Dov'è il Duomo?	▶ ▶ ▶ ▶	**Vicino al** campanile di Giotto.

A è al centro di B

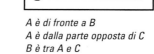

A è di fronte a B
A è dalla parte opposta di C
B è tra A e C

via Rossi

*all'angolo con
via Rossi*

IVITÀ 1

Guarda con un compagno la piantina del centro di Firenze dell'es. 8 del QL.
Rispondete a turno alle domande,
utilizzando le indicazioni di luogo appena viste.

Esempio:
- Dove sono gli obelischi di Piazza Santa Maria Novella?
~ Sono al centro della piazza.

1. Dove sono gli obelischi di Piazza Santa Maria Novella?
2. Dov'è la casa di Dante Alighieri?
3. Dov'è Palazzo Medici Riccardi?
4. Dov'è la chiesa di S. Giovannino degli Scolopi?
5. ... (*continua tu*)

un vecchio detto

Tutte le strade

portano a Roma.

IVITÀ 2

Scegli una posizione all'interno della classe (se vuoi, ispirati a questi disegni).
Chiedi a un compagno di descrivere la tua posizione.
Poi scambiatevi i ruoli. Fatelo almeno 3 volte a testa.

Esempio: *- Dove sono?*
- Sei a destra del banco, vicino alla sedia.

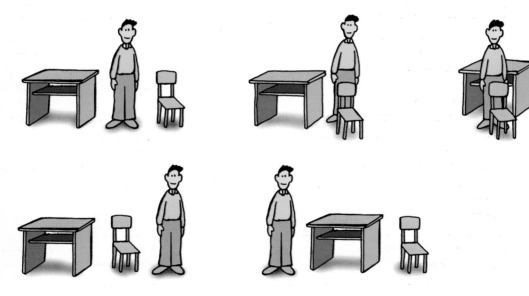

QL
9, 10

Quanto sei bella Roma...

Quattro passi a Trastevere, il quartiere più famoso della "città eterna".

Trastevere è il quartiere popolare più tipico e più famoso di Roma. Il turismo lo ha trasformato, ha fatto nascere anche qui pub, locali esotici o finto "tipici". Ma c'è una parte del quartiere che le guide turistiche quasi ignorano, l'altra sponda del Tevere, dove tradizioni e abitudini del passato esistono ancora, dove si incontra gente che parla nel più autentico romanesco, dove i romani, insomma, sono più romani che altrove.
Visitare questa parte di Roma ci fa conoscere gli aspetti più tradizionali della capitale, i mestieri caratteristici, i riti della vita quotidiana, le trattorie e i bar rimasti quasi immutati.
A piazza in Priscinula, il negozio di Angelino reca scritto sull'insegna "barbiere" e non parrucchiere. Angelino, un maestro nel suo mestiere, ci tiene alla differenza. È tifoso della Roma e le pareti del suo negozio sono tappezzate da poster della squadra. I clienti si fermano da lui anche solo per parlare, per farsi raccontare le storie del rione, i segreti e i pettegolezzi di tutta Roma.

Piazza in Priscinula è in discesa ed è sempre ingombra di auto parcheggiate, ma conserva intatta la casa Mattei, medioevale, con resti di bassorilievi e iscrizioni in latino sulla facciata.
A fianco della piccola chiesa di San Benedetto, il bar Il Comparone conserva affreschi del Trecento e del Cinquecento oltre a un bellissimo pavimento medioevale.
Andando per via del Porto, piazza dei Mercanti, via Canale, si incontrano palazzi coi muri scrostati dal tempo e ricchi di suggestione. Sullo scorcio di case medioevali si erge il Convento di Santa Lucia, con un immenso cortile interno, mosaici del nono secolo e una cripta ricca di reperti romani.
In via Santa Cecilia, come nelle altre di questo rione, è tutto un susseguirsi di ristoranti tipici, negozietti, laboratori artigianali, trattorie dalle insegne fantasiose, dove si possono gustare i piatti tradizionali: bruschette, bombolotti alla carbonara, bucatini all'amatriciana, abbacchio, trippa, saltimbocca alla romana…

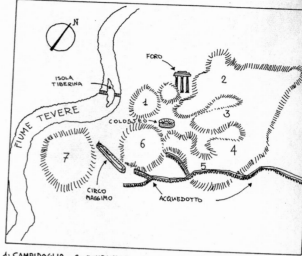

1: CAMPIDOGLIO - 2: QUIRINALE - 3: VIMINALE - 4: ESQUILINO
5: CELIO - 6: PALATINO - 7: AVENTINO -

Visitando Roma... su due ruote
Per chi vuole evitare le difficoltà e i patemi del traffico caotico e perc anche le più strette viuzze della capitale in bici o con uno scooter:
I Bike Rome, via Veneto 156 (parcheggio sotterraneo di Villa Borghese, 3° settore) ☎ (06) 3225240

Un caso unico
Roma è la sola capitale europea ad aver conservato l'antica cinta difensiva, le mura volute nel 271-275 d.C. dall'imperatore Aureliano e poi più volte modificate fino al 1870, quando racchiudevano ancora tutto il centro abitato e ampi parchi.

I sette colli dell'Urbe

L'insediamento originario della città venne fondato sul Palatino, cui in seguito si abbino il Campidoglio. Dopo avere colonizzato la valle tra i primi due colli, Roma si estese quindi sulle sommità appiattite e favorevoli del Quirinale, del Viminale, dell'Esquilino, del Celio e dell'Aventino.

Saltimbocca alla romana

Ingredienti per 4 persone:

- 400 g. di fettine di vitello tagliate molto sottili
- 100 g. di prosciutto crudo
- farina bianca
- vino bianco secco
- una noce di burro
- una manciata di foglie di salvia fresca

Stendere le fettine di vitello e disporre su ciascuna una fetta di prosciutto e una foglia di salvia. Ripiegare le fettine in due e fissarle con uno stuzzicadente, quindi passarle nella farina. Sciogliere il burro in una padella antiaderente; quando il burro è ben caldo disporre i saltimbocca in padella e versarvi sopra un bicchiere di vino bianco. Far rosolare bene i saltimbocca da entrambe le parti.

Quando assumeranno un bel colore dorato, toglierli dal fuoco e disporli su un piatto di portata. Servire caldi.

Roma dall'autobus

La linea n. 110 dei normali mezzi pubblici romani offre, a un costo inferiore alle 10.000 lire, un interessante percorso turistico di tre ore che parte dalla stazione di Termini e vi si conclude dopo aver toccato piazza Barberini, piazzale Flaminio, San Pietro, piazza Venezia, il Colosseo e San Giovanni in Laterano.

Antonello Venditti

ROMA CAPOCCIA
A. Venditti

Quanto sei bella Roma quand'è sera,
quando la luna se specchia
dentro ar fontanone
e le coppiette se ne vanno via,
quanto sei bella Roma quando piove.
Quanto sei bella Roma quand'è er tramonto,
quando l'arancia rosseggia
sui sette colli
e le finestre so' tanti occhi
che te sembrano di'
quanto sei bella, quanto sei bella...

RIT.   Oggi me sembra che
        er tempo se sia fermato qui.
        Vedo la maestà der colosseo,
        vedo la santità der cupolone
        e so' più vivo e so' più bono.
        No nun te lasso mai Roma
        capoccia der mondo infame.

Na carrozzella va co du stranieri,
un robivecchi te chiede
un po' de stracci.
Li passeracci so' usignoli,
io ce so' nato Roma,
io t'ho scoperta stamattina,
io t'ho scoperta...

RIT.

Il Tevere

Il fiume di Roma è, per lunghezza (405 chilometri), il terzo fiume italiano dopo il Po e l'Adige. Nasce dal monte Fumaiolo, nell'Appennino Tosco-emiliano, e, dopo aver attraversato per un breve tratto la Toscana e aver percorso l'Umbria, entra nel Lazio dove snoda i suoi meandri fino a sfociare nel mar Tirreno. Al di là della sponda destra del Tevere si trovano il Foro Italico, il Vaticano, Trastevere e il Gianicolo; oltre la sponda sinistra è il restante e più vasto territorio urbano.

Una serata particolare

Il Comune di Roma organizza passeggiate notturne (giorni e orari variabili), in gruppi di 30-50 persone, ai Fori Imperiali illuminati. Sono previste anche visite guidate in lingua inglese. È uno spettacolo indimenticabile, ma è obbligatorio prenotare.

A chi rivolgersi
Sinfonie di luce ☎ (06) 5745542 ▢ lun.-ven. 10-17 ● 12.000 lire

sezione 2   QUESTA È CASA MIA

IN QUESTA SEZIONE IMPARERAI A:

- DESCRIVERE AMBIENTI
- FARE CONFRONTI*
- INDICARE DIMENSIONI

Per chi può essere interessante questo volantino?

AFS Intercultura

Intercultura (AFS) è un'associazione che si occupa di scambi interculturali.
E' stata la prima in Italia ad organizzare scambi da e per l'estero per studenti delle scuole medie superiori e continua questa attività da oltre quarant'anni.
Il lavoro di Intercultura si concretizza nei Programmi di Studio, che si suddividono in tre categorie:

Programmi di Invio:
per periodi che vanno dalle quattro settimane ad un intero anno: lo studente è ospitato all'estero presso una famiglia selezionata e frequenta una scuola locale.

Programmi di Accoglienza:
in questo caso è una famiglia che ospita uno studente straniero, dalle quattro settimane ad un anno.

Scambi di Classe:
un'intera classe è ospite per due settimane di una classe straniera e, pochi mesi dopo, c'è lo scambio di ospitalità.

Queste esperienze hanno lo scopo di far crescere nei giovani e nelle famiglie la comprensione internazionale, avviando rapporti interpersonali di amicizia a partire dalla convivenza quotidiana in cui si misurano i propri pregiudizi e lo spirito di accettazione del "diverso". Inoltre aiutano a migliorare l'informazione e la conoscenza "profonda" del tessuto sociale del paese ospitante e a scoprire i valori della propria cultura di appartenenza.

QL 1

Nell'ambito di uno scambio di classi organizzato da AFS Intercultura, Gillian, una ragazza scozzese, va a stare per due settimane a casa di Michela a Torino. Al suo arrivo, Michela le fa vedere la casa.

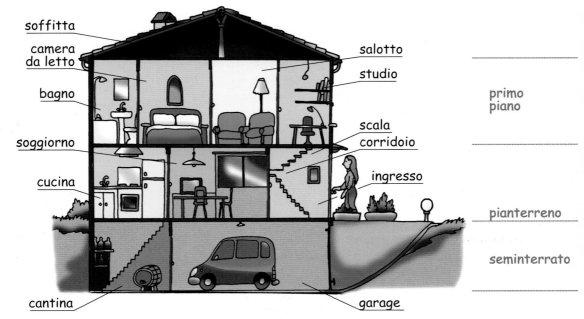

1. Quanti bagni ci sono a casa di Michela?
2. Quante camere da letto?
3. Lo stile di questa casa è uguale o diverso dallo stile della casa di Gillian?

QL
2, 3

COME FARE PER... **DESCRIVERE AMBIENTI**

Com'è la tua casa?	▶▶	E'	grande/spaziosa	≠	piccola.
			moderna	≠	antica.
			nuova	≠	vecchia.
			luminosa	≠	scura.

| Quante stanze ci sono a casa tua? | ▶▶ | Ci sono tre camere da letto, un soggiorno, una sala da pranzo e uno studio. Poi ci sono due bagni e la cucina. |

ATTIVITÀ 1

**Con un compagno. Fatevi a turno
delle domande sulla casa di Gillian.**

Esempio:
- *Quanti piani ha la casa di Gillian?*
~ *Tre, pianterreno, primo piano e mansarda.*
- *E quante stanze ci sono a casa sua?*
~ *.....*
- *Com'è la cucina?*
~ *.....*   *(ecc.)*

ATTIVITÀ 2

**E la vostra casa, com'è?
Chiedi ad un tuo compagno com'è casa sua,
ricordati di chiedere anche:**

• Quanti piani ci sono; a che piano abita lui.
• Quante stanze ci sono; come sono.
• Com'è la sua camera.

Poi lui lo chiede a te.

▶ **QL**
4, 5

COME FARE PER... **FARE CONFRONTI**

La tua casa è	più	grande	della mia.
Il nostro salotto è	meno	elegante	del vostro.
La mia camera è		grande	come la tua.

Questa stanza è	più	luminosa	di quella.
Questo bagno è	meno	spazioso	di quello.
Quella libreria è	grande	come	questa.

Questa stanza è luminosissima!
Il divano letto è comodissimo!

SG
1, 2

ATTIVITÀ 1

Sei nel reparto mobili di un grande magazzino con il tuo compagno.
Lui ti chiede che cosa preferisci.
Tu rispondi e dici perché.

Esempio: - Quale armadio preferisci?
*   - Questo qui, perché è più grande di quello.*

Puoi usare questi aggettivi:
grande - piccolo - caro - economico - alto - basso - bello - brutto - largo - stretto - lungo - corto - moderno - antico

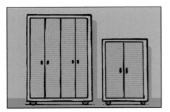  

ATTIVITÀ 2

Guardatevi intorno nella vostra classe e fatevi delle domande sugli oggetti che vedete. Fatevi almeno cinque domande a testa.

Esempio :   - È più grande questo libro o quello?
*   - Questo libro è più grande di quello.*

Mario, Marco, Ciro e Simone
suonano in un gruppo
di musica rock.
Che problema hanno
i quattro amici?
Come vogliono
risolverlo?

QL 6

b¹

Ora leggi gli annunci qui sotto e ascolta la seconda parte del dialogo. Cerca di capire a chi telefonano i quattro amici.

BOX AUTO ①
via Taranto spazio per
due autovetture vendesi
Tel. 0338/400243

CANTINA ②
asciutta profondità m. 5
con acqua luce e finestra in
zona Tuscolana Euro 180
mensili no perditempo
Tel. 71585937

BOX mq 20 sotto il piano ③
stradale in condominio
asciutto soppalcato quartiere
S. Giovanni Euro 360
mensili escl. perditempo
Tel. 0336/865456

CANTINA ④
via Baronio ampia 2
piani sottostanti affittasi
ore serali Tel. 58320803

MAGAZZINO ⑤
Roma nord luce acqua
Euro 185/mese affittasi
Tel. 7554134

CAPANNONE ⑥
via Genova mq 160 con
terreno edif. doppia uscita
allacciamento acqua luce
affittasi Tel. 0360/246286

QL
7, 8

b²

COME FARE PER... **INDICARE DIMENSIONI**

È un box È una cantina	di circa 20 **metri quadri**. **lunga** 5 metri. **larga** 4 metri. **alta** 3 metri.
È un capannone	**di** 6 metri **per** 8.

La cantina è	grande ≠ piccola. lunga ≠ corta. alta ≠ bassa. larga ≠ stretta. poco / molto profonda.

ATTIVITÀ 1

Queste sono le planimetrie dei locali dei sei annunci di Porta Portese che hai letto. Chiedi al tuo compagno di descriverti tre locali. Lui poi ti chiederà gli altri tre.

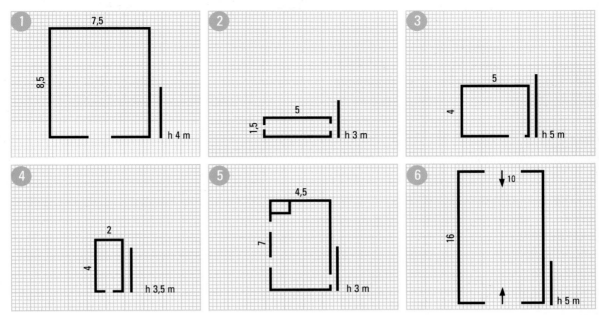

ATTIVITÀ 2

Cerchi un locale per :
- organizzare una proiezione di diapositive per un gruppo di amici;
- tenere il tuo motorino.

Il tuo compagno cerca invece un locale per:
- fare una piccola palestra;
- sistemare la nuova sede del giornale studentesco.

a. Chiedi al tuo compagno se uno dei sei locali dell'attività 1 è adatto, e perché.
b. Se nessuno dei sei locali secondo lui va bene, chiedigli come deve essere.
Lui poi farà lo stesso con te.

Abitare... ieri e oggi

Sulle tracce dei Re Sabaudi

Visitare le regge dei Savoia che circondano Torino è un'occasione per ripercorrere un pezzo di storia d'Italia, un viaggio nel tempo sulle tracce della gloria della dinastia reale d'Italia attraverso una serie di grandiose dimore di villeggiatura e di caccia che dal dicembre del 199.. sono state dichiarate dall'Unesco patrimonio dell'umanità.

Prendiamo ad esempio la palazzina di caccia di Stupinigi, inaugurata con una straordinaria battuta di caccia il 5 novembre 1732. Questa era la piccola Versailles della Corte piemontese, destinata a residenza della famiglia reale durante la stagione venatoria dalla metà di novembre alla metà di marzo. All'interno si trovano sia i fastosi ambienti adibiti a funzione di rappresentanza, ai balli e alle feste, sia appartamenti non di rappresentanza, ma altrettanto ampi, come la biblioteca, sale destinate alla musica, al gioco, alla conversazione e sale che conducono agli appartamenti reali.

Nel raffinato salone centrale della Palazzina, dalla pianta ellittica, Napoleone ricevette l'omaggio della nobiltà torinese e tenne un discorso politico nel maggio del 1805.

Sempre per far fronte alle esigenze della Corte si attuò anche la costruzione di scuderie, canili, magazzini con annesse le abitazioni coloniche lungo il rettilineo alberato che dalla Palazzina porta al Palazzo Reale di Torino.

LA CIVILTÀ DELLA VILLA

Il grande, impressionante fenomeno delle ville venete è al tempo stesso una delle manifestazioni più importanti della cultura architettonica italiana, e una delle sue più misconosciute, anche se celebrate, realtà.

La grande stagione delle ville venete durò quattro secoli abbondanti, e cominciò quando, alla metà del Quattrocento, i mercanti veneziani cominciarono a trasferirsi sulla terraferma. In questo periodo vennero erette parecchie migliaia di ville (un censimento attuale ne ha catalogate, per il territorio della sola Regione Veneto, ben 3500) [...]. Per dare un'idea di

com'era organizzata una villa al suo interno, visitiamo insieme la villa Almerico Capra Valmarana, detta "La Rotonda", a Vicenza. Il perno della villa è il grande salone centrale del piano nobile, alto due piani. Questo era il "palcoscenico" della vita familiare, dove si svolgevano i banchetti e le feste, si ricevevano gli amici e i visitatori, si ascoltavano i concerti e si seguivano gli spettacoli teatrali. Qui la famiglia 'si rappresentava' di fronte agli estranei, mettendo in mostra il suo gusto e le sue ricchezze. La stanza, decorata con affreschi e stucchi, era perciò di gran lunga la stanza più ampia e ricca della casa, ed era arredata con i mobili migliori. Al confronto le altre stanze – riservate alla vita di famiglia – hanno assai meno importanza. Pur essendo di belle proporzioni, ricche e ben decorate (in particolare quelle del piano nobile), e pur godendo di un'ampia e bella vista sul paesaggio intorno, la loro distribuzione è determinata dall'impianto simmetrico dell'edificio, che dà origine a stanze altrettanto simmetricamente disposte. Al piano inferiore ci sono le cucine e gli altri locali di servizio. I servizi igienici (o ciò che allora passava per tale) sono ricavati negli angoli nascosti.

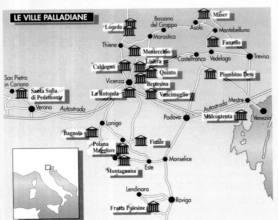

LE VILLE PALLADIANE

Storie parallele di inquilini e proprietari.

Stefano, 59 anni, fa il magazziniere e guadagna 40 milioni lordi l'anno. Con la moglie casalinga e i due figli ancora studenti, da anni vive in affitto in un appartamento di 70 metri quadri alla periferia di Milano: 4 milioni l'anno in equo canone. Una cifra accettabile, pensava Stefano. Qualche mese fa lo shock: il proprietario gli ha proposto di passare al patto in deroga, chiedendo un canone di 16 milioni. Il quadruplo di quel che pagava prima, troppo per lui. Cerca altri alloggi, ma non ne trova alla sua portata. Non gli resta che rivolgersi alle case popolari, ma viene escluso: il limite di accesso è 35 milioni annui, più un milione per figlio. Stefano viene assegnato all'edilizia demaniale a equo canone, ma maturerà il diritto di entrare in graduatoria solo a sfratto avvenuto. Il tempo medio perché si liberi un alloggio è di un anno circa. E intanto?

Francesca, 84 anni, nel febbraio dell'anno scorso ha dato in affitto un appartamento di 80 metri quadri, vicino alla Stazione Centrale di Milano, al canone mensile di un milione e mezzo, subito accettato dall'affittuario. Le sembrava una persona per bene, "referenziata". Invece ora ha un credito di trenta milioni: l'inquilino non ha mai pagato. Ottiene lo sfratto per morosità, ma ancora oggi non è riuscita a liberare il suo alloggio. Intanto continua a pagare le imposte anche sui canoni non percepiti e l'inquilino continua a svolgere la sua attività commerciale in un ufficio poco distante.

Due storie, due facce della stessa realtà: l'emergenza nel mondo dell'affitto. In Italia sono 800 mila le famiglie che si trovano di fronte a canoni che non sono in grado di pagare. Con conseguenze che sono sotto gli occhi di tutti: la ventunesima proroga del blocco degli sfratti in nove anni, il continuo aumento degli sfratti per morosità. La situazione non è meno critica sull'altro fronte. "Oggi un proprietario non ha la certezza di poter rientrare in possesso del suo alloggio quando lo desidera", dice Nadia Corradi, presidente dell'Associazione dei piccoli proprietari di Milano. "A Milano, su 20 sfratti ordinati ogni giorno, solo 5 vengono eseguiti".

CANONE MEDIO DI AFFITTO (PATTI IN DEROGA)

Offerta media tra centro storico e periferia per alloggi non ammobiliati relativa al periodo dicembre 1996-febbraio 1997

	monolocale	bilocale	trilocale	quadrilocale
Roma	960.000	1.113.000	1.415.000	2.043.000
Milano	-	1.013.000	1.982.000	2.653.000
Firenze	1.116.000	1.250.000	1.627.000	1.734.000
Napoli	700.000	1.078.000	1.360.000	1.661.000
Venezia	-	1.216.000	1.266.000	1.666.000
Torino	572.000	731.000	957.000	1.400.000

INCHIESTA CASA

L'ITALIANO CERCA CASA
AFFITTO O PROPRIETÀ?

Nelle grandi città ben tre famiglie su quattro preferiscono entrare in locazione. E chi compra cerca soprattutto appartamenti piccoli.

La casa è da sempre il grande Sogno per tutti gli italiani, legittima aspirazione delle giovani coppie, tradizionale bene-rifugio per chiunque desideri investire i suoi risparmi in visibile concretezza e non nella immaterialità finanziaria di azioni e titoli. [...]
Ma è così ancora adesso? È conveniente comperare una casa oggi? Una giovane coppia di sposi deve rivolgersi al mercato della compravendita, con gli inevitabili forti sacrifici economici che questa scelta comporta, oppure è meglio che si orienti verso un appartamento in affitto? [...] Insomma: vale la pena di diventare proprietari, o conviene restare fra quei tre italiani su dieci che ancora non posseggono una casa?

Roberto Mostacci, direttore del Cresme, centro di ricerche che dal 1962 compie ricognizioni sistematiche sul mercato dell'edilizia, fornisce una prima risposta: "I prezzi di vendita sono in caduta libera, nell'ordine del 30 per cento. Acquistare sembra conveniente, ma potrebbe essere anche un cattivo affare perché la diminuzione del valore degli immobili potrebbe continuare."

Parecchie agenzie immobiliari segnalano una forte domanda di mono e bilocali. Uno degli agenti Tecnocasa di Milano dice: "Chi viene da noi cerca sia case in affitto, sia appartamenti da acquistare. Nell'80 per cento dei casi l'attenzione è rivolta ad appartamenti che non superino i 70 metri quadri. Le persone più attive sul mercato sono le giovani coppie e gli anziani soli. Chi vuole andare in affitto chiede di spendere al massimo un milione e 200 mila lire al mese, spese comprese. Quanto agli acquirenti, c'è chi possiede i contanti per comperare e chi è disposto a mangiare pane e cipolle per i prossimi 15 anni. [...]

Mario Breglia, direttore di "Scenari immobiliari", altro osservatorio che scandaglia periodicamente il mercato della casa, fornisce ulteriori dati: nei capoluoghi di provincia la quota di appartamenti messi in vendita in cattivo stato di manutenzione ha raggiunto ormai il 60 per cento; nelle grandi città tre famiglie su quattro preferiscono andare in affitto; chi compera cerca alloggi piccoli, che non costino più di 100-120 milioni di lire. [...]

di Silvano Guidi

QL
Incontri

sezione 3   # TI PIACE LA MIA CAMERA?

IN QUESTA SEZIONE IMPARERAI A:

- INDICARE LA POSIZIONE
- ESPRIMERE IL TUO PARERE*(1)
- CHIEDERE E DARE CONSIGLI E SUGGERIMENTI

Andrea e Paolo parlano delle loro camere.

a) Siamo a casa di Andrea o a casa di Paolo?
b) Quale delle due camere qui sotto è quella di Andrea e quale quella di Paolo?

Prova a descriverle.

PER FARE **L'ARCHITETTO IN CASA**

Disegnare le planimetrie, sistemare i mobili e realizzare viste tridimensionali dei nostri progetti. Con questo nuovo programma per l'architettura d'interni si può: è facile da usare e ha in memoria centinaia di elementi già pronti.

Il primo passo nella progettazione degli interni è il disegno dei muri. Una volta disegnata la pianta, possiamo entrare nel cuore del programma e inserire a piacere qualsiasi oggetto d'arredamento. Possiamo inoltre scegliere anche il tipo di materiale dei vari oggetti. Per farci un'idea del risultato finale, e grazie alla visione wireframe e con l'aiuto del mouse 3D, possiamo quindi muoverci all'interno dei locali.
L'obiettivo finale è quello di ottenere immagini dei locali, secondo l'angolo visivo preferito e con l'arredamento al suo posto. Di sera, ovviamente, l'illuminazione cambia.

Il primo passo nella progettazione degli interni è il disegno in pianta dei muri. Il programma contiene gli spessori standard delle pareti

QL
1, 2, 3,
4, 5

Asolta il dialogo tra Lucia e Carlo e fai attenzione a quali oggetti vengono nominati.

QL
6, 7

COME FARE PER... **INDICARE LA POSIZIONE**

A è *sopra (a)* B A è *su* B B è *sotto (a)* A	La televisione è **sul** mobiletto. La scrivania è **sotto** il letto a soppalco.

A è *dentro (a)* B A è *in* B	Il libro è **dentro (al)la** borsa. Le penne sono **nel** cassetto.

A è *vicino a* B A è *a destra di* B B è *a sinistra di* A	Bracciano è **vicino a** Roma. Paolo è seduto **a sinistra di** Marco.

A è *in centro a* B A è *al centro di* B	La fontana è **al centro della** piazza.

A è *davanti (a)* B B è *dietro (a)* A	**Davanti alla** scuola c'è un parco. La lampada è **dietro** la poltrona.

▶ **SG**
1, 2

A è **fra / tra** B e C	Il tavolino per il computer è **tra** le due scrivanie.

Scioglilingua

Sopra la panca
la capra campa,
sotto la panca
la capra crepa.

ATTIVITÀ 1

Confronta la piantina che hai disegnato in QL 7 ascoltando il dialogo b con quella del tuo compagno. Fatevi domande sulla posizione degli oggetti nella stanza.

Esempio:
- *Dov'è la scrivania?*
~ *È vicino a ...*

IVITÀ 2

Con un compagno.
Qual è la posizione degli oggetti che si trovano sul vostro banco?

Esempio:
- *Dov'è la penna?*
~ *È sopra il libro.*

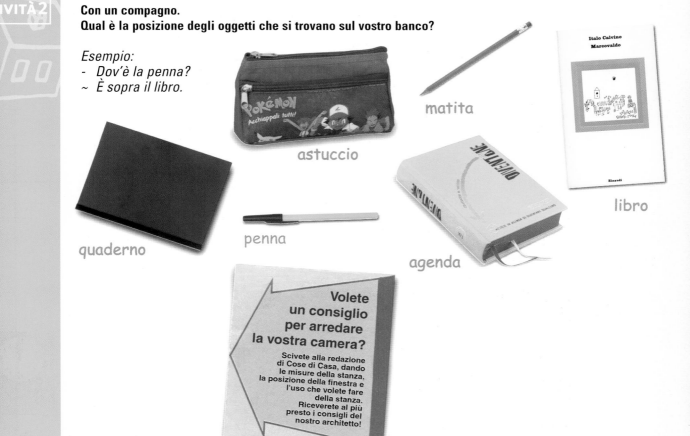

matita

astuccio

quaderno

penna

agenda

libro

Volete
un consiglio
per arredare
la vostra camera?

Scivete alla redazione
di Cose di Casa, dando
le misure della stanza,
la posizione della finestra e
l'uso che volete fare
della stanza.
Riceverete al più
presto i consigli del
nostro architetto!

C

Come arredare la mia camera

Gentile redazione di Cose di Casa,
Vi scrivo per chiedervi un consiglio su come arredare la mia camera.
Siccome vorrei comprare al massimo un solo mobile nuovo, vorrei avere alcune idee su come
cambiare la disposizione di quelli che ho già.
Le dimensioni della stanza sono 3 x 4. C'è una finestra di un metro al centro di una delle due
pareti più corte, e sulla parete di destra, dalla parte opposta rispetto alla finestra, c'è la porta
(larga 70 cm). A sinistra della porta, contro l'altra parete di 3 metri, c'è il mio letto (lungo 2,10
m). Di fianco al letto c'è la mia scrivania (larghezza 1,20 m, profondità 60 cm) e a destra della
scrivania ci sono una cassettiera (60 cm) e una libreria (larghezza 1 m).
Sull'altra parete lunga, entrando a destra, c'è un armadio a porte scorrevoli (larghezza 1,60 m.,
profondità 60 cm).
Per me è molto importante avere abbastanza luce sulla scrivania, ma la vorrei da sinistra e non
da destra, come invece è adesso.
A mio parere, poi, il letto così vicino alla porta fa sembrare la stanza più piccola, ma non ho idee
migliori. Secondo me è esagerato avere una tv in camera, però il computer ce lo vorrei, solo che
proprio non so dove mettere la stampante. Voi che cosa ne pensate?
Vi ringrazio fin d'ora e spero di ricevere presto una vostra risposta.
Cordiali saluti,

Franca
Verona, 12 ottobre 1999

COME FARE PER... **ESPRIMERE IL PROPRIO PARERE**

Per me è molto importante avere abbastanza luce sulla scrivania.
Per me è inutile comprare un mobile apposta per la stampante.
Secondo me è esagerato avere la TV in camera.
Secondo me è fondamentale avere una camera luminosa.
A mio parere il letto vicino alla porta fa sembrare la stanza più piccola.

ATTIVITÀ

Esprimi il tuo parere su queste cose e poi chiedi il parere del tuo compagno.

Esempio:
- Per me è fondamentale avere tanta luce sulla scrivania, e per te?
~ No, per me invece no. / Sì, anche per me.

avere una bella camera

avere il computer

stare al computer più di
tre ore al giorno

avere la TV in camera

andare in moto senza casco

andare in vacanza almen
tre volte all'anno

andare in vacanza in tenda

corrispondere con amici all'estero

mangiare in modo sano

è ...

fondamentale
bello
fantastico
utile
pratico
divertente

esagerato
pericoloso
sufficiente
inutile
ideale
importante

Risposta

Cara Franca,

Eccoti una proposta per rendere più accogliente e funzionale la tua camera. La posizione del letto, innanzi tutto, fa sembrare la stanza effettivamente più piccola di quello che è. Potresti metterlo di fronte alla porta, contro la parete lunga, con la testiera rivolta verso la finestra. Di fianco al letto sistemerei la cassettiera con i cassetti che guardano la finestra: avrai così anche un comodo piano di appoggio per una luce di lettura e per i libri che leggi a letto. Potresti poi mettere la scrivania contro la finestra, così che a sinistra ti rimane lo spazio per un mobiletto per la stampante. Attualmente in commercio ne puoi trovare di belli e funzionali, senza spendere troppo. Dall'altro lato della scrivania (a destra, quindi) metterei la libreria. Eccoti quindi un comodo angolo studio nella tua stanza con tutto a portata di mano. L'armadio dovresti metterlo nella parete di destra entrando, la meno visibile, sistemandolo un po' al centro della parete. Qui sotto trovi anche un disegno di come a questo punto diventerebbe la tua camera.

L'Architetto

COME FARE PER... **CHIEDERE E DARE CONSIGLI E SUGGERIMENTI**

Voi dove **mettereste** la scrivania?	Io la **metterei** contro la finestra.
Che memoria **dovrei avere** per poter usare il programma "L'architetto in casa"?	**Dovresti avere** almeno 5 mega di memoria libera.
Che cosa **potrei fare** per far sembrare più grande la stanza?	**Potresti mettere** il letto di fronte alla porta.

ATTIVITÀ

Devi finire di arredare questa stanza insieme ad un tuo compagno. Chiedigli dei consigli su dove sistema **questi mobili. Lui poi li chiede te. Alla fine dovete mettervi d'accordo su dove sistemare tutti i mobili.**

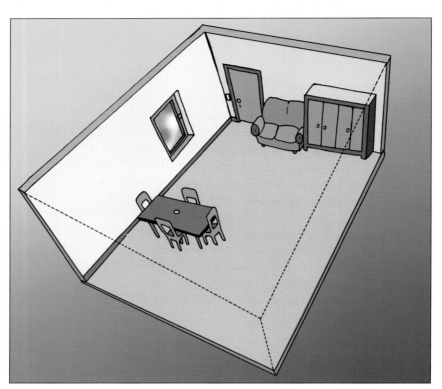

una TV

un tavolino da salotto

un mobile per la TV

una poltrona

una libreria

un mobiletto a rotelle
con lo stereo

un porta-CD

Esempio:
- *Tu il mobile per la TV dove lo metteresti?*
- ~ *Potresti metterlo di fronte al divano, che ne dici?*
- *Non so, io forse lo metterei qui vicino alla finestra.*
- ~ *.....*

QL 11

SPECIALE CAMERETTE

Più di una
semplice camera...

CAMERAVIGLIOSA

Cameravigliosa: idee, soluzioni, trucchi,
consigli per arredare lo spazio abitativo
dei nostri ragazzi. E per i nostri figli vogliamo solo il meglio.

①

Il loro spazio deve
essere più accogliente
di una semplice camera
perché è il loro rifugio, il
luogo dei loro sogni.

②

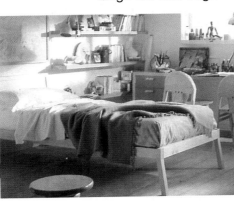

③ Le nostre proposte abitative sono
più originali e più sfiziose delle
soluzioni tradizionali, ma non per
questo meno solide e affidabili.

E a prezzi più accessibili di quanto pensiamo.

④

Idee per lo spazio dei ragazzi

Lo scrittoio ad angolo in faggio ha il portavideo sopraelevato e il piano di appoggio estraibili per la tastiera del computer. Misura 105x105x75h cm.

10 punti indispensabili

1) La possibilità di cambiare la disposizione dei mobili: mantenendo separate la zona per lo studio e per il gioco dalla zona notte.

2) I mobili: in materiali naturali, non acrilici e non infiammabili.

3) Tempo libero: realizzare un angolo per il fai da te e per attività creative.

4) I ripiani: devono essere liberi da soprammobili, per riporre collezioni di riviste, dischi, cd, videocassette, giochi.

5) Le pareti: uno spazio per attaccare poster e cornici per foto.

6) Per le ragazze: un angolo trucco e benessere dove riporre contenitori, accessori per la toilette, phon, profumi, bilancia e pesi.

7) Gli ospiti: più spazio anche per invitare qualcuno.

8) Insonorizzare per evitare problemi con i condomini.

9) La possibilità di sdraiarsi a terra: su tappeti e moquette.

10) Lo studio: per concentrarsi studiare sempre nello stesso posto.

Come usare il computer

Attenzione allo **sfondo** troppo scuro, che può causare problemi alla vista creando un contrasto che affatica l'occhio.

● Il **fascio luminoso** non deve colpire perpendicolarmente il capo di chi lavora di fronte a un videoterminale. Deve invece provenire frontalmente a una inclinazione di 45°.

● Non rivolgere lo **schermo** nella direzione da cui proviene la luce.

● Sistemare la **tastiera** a una distanza di almeno 15 centimetri dal bordo della scrivania.

● La **distanza** dal computer dovrebbe essere tra i 50 e i 70 cm, con un'angolazione dello schermo di 15-30°.

SPAZIO DEL BENESSERE

psicofisico, dell'armonia tra corpo e mente e cura di sé. La spaziosa cameretta raccoglie in un angolo la passione dei ragazzi per il fitness: sulla parete di fondo la spalliera in legno con appesi attrezzi ginnici. In primo piano, sul morbido tappeto in ciniglia, stepper, cyclette e pesi di varie dimensioni.

ACQUARIO, DA DOVE COMINCIARE? Dalla posizione:

Deve essere posto su un supporto stabile in modo che non debba essere più spostato. É sconsigliata la vicinanza a finestre e la variazione di temperatura. Scelti l'acquario e i tipi di pesci, si completa il tutto con gli accessori: è importante la composizione del fondo, la scelta delle piante, dei termoriscaldatori, dei filtri, delle pompe e infine il nutrimento per pesci e piante.

studenti.it

Indirizzo: http://studenti.it/

Live Home Page   Apple Computer   Supporto Apple   Apple Store   MSN   Office per Macintosh   Internet Explorer

SNT STUDENTI.IT

DIRECTORY
Canali
Università
Superiori
Guida
Città
Appunti &
Compiti
Bacheche
Ospiti

Student CITY
Cos'è
Iscriviti
Entra

SERVIZI
Chat
Freemail
Cartoline

E-MAIL
Login
Pass
Entra

CREDITS

Chi siamo
Press
Scrivici

LA CASA

Se sei studente fuori sede e cerchi un appartamento da condividere con altri studenti come te, ecco qualche indicazione che fa al caso tuo. Innanzi tutto tieni gli occhi bene aperti e ricorda che qui in Italia potresti non avere vita facile. Nella ricerca di una casa hai essenzialmente due possibilità:

1 Puoi cercare un posto negli alloggi pubblici per studenti fuori sede.
In Italia le residenze pubbliche per studenti universitari sono essenzialmente di due tipi: il pensionato universitario e la casa dello studente. Tali strutture, che dovrebbero essere in grado di accogliere quanti ogni anno si trasferiscono nelle città sedi di università prendendovi domicilio, sono in realtà assai poche (viene accolto in media il 50% delle domande) e alla scarsità spesso si accompagna l'inefficienza. Questa è la ragione per cui la maggioranza degli studenti fuori sede "sceglie" il mercato privato.

2 Puoi rivolgerti al mercato privato.
In quest'ultimo caso però sentiamo l'esigenza di informarti su alcuni rischi ai quali potresti andare incontro. Infatti, molti di quegli studenti fuori sede che per un motivo o per un altro non riescono ad accaparrarsi un posticino nelle residenze pubbliche universitarie (praticamente la maggioranza se si considera che solo il 5% di coloro che studiano lontano da casa riesce a trovare una sistemazione in queste strutture) e che sono pertanto costretti a rivolgersi al mercato privato, subiscono facilmente le conseguenze che discendono dalla mancanza assoluta di un'adeguata forma di controllo sul mercato privato degli affitti.
Capita così sovente che lo studente fuori sede si veda imporre, senza potervi resistere, contratti irregolari, canoni altissimi e condizioni più sfavorevoli. Questa situazione di diffusa illegalità, che costituisce peraltro una delle ragioni della profonda selezione per censo e della bassa produttività del nostro sistema universitario, può essere in qualche modo combattuta.
Come trovare casa concretamente?

Avete 4 strade:
- le bacheche e gli annunci in facoltà: il metodo più usato ma anche quello più dispendioso di energie (giornate e giornate);
- Le agenzie immobiliari : sviluppate principalmente nei grandi centri urbani, svolgono un buon servizio ma ti salassano prendendo una mensilità dell'affitto come provvigione... fate voi...;
- Amici e conoscenti : magari qualcuno lascia una casa. State sempre informati;
- Non dimenticate che nel nostro sito **www.studenti.it** c'è un grande database per trovare casa: se avete internet visitatelo!

---

luce corretta
la zona studio

l'illuminazione indiretta servirsi di **luce tenue** che si ottiene puntando verso il soffitto una lampada da terra orientabile e dotata di dimmer, cioè un regolatore di intensità luminosa. In alternativa, servirsi della luce generale, cioè di quella del lampadario puntata verso terra.

Per creare l'illuminazione diretta e concentrata, scegliere apparecchi di illuminazione da tavolo con braccio orientabile.

Mentre si studia, la **lampada** deve essere messa alla sinistra del ragazzo, per non fare ombra sul libro di testo. Per i mancini, invece, deve essere collocata a destra.

Disporre la **scrivania** in modo tale che la luce della finestra vi arrivi di lato piuttosto che di fronte o alle spalle.

Se il ragazzo scrive con la mano destra, disporre la scrivania con finestra sulla sinistra, se è mancino con finestra sulla destra.

I tavoli con superficie riflettente bianca o lucida possono abbagliare il ragazzo durante la lettura e diminuire le sue facoltà di percezione visiva.

Nella scelta delle **lampadine**, tenere conto che: se ad incandescenza, devono avere una potenza pari a 75/100 watt; se alogene, la potenza dev'essere di 50 watt; se fluorescente, la potenza richiesta va da 15 a 23 watt.

Anziani e universitari, una casa per due. Giovani in affitto per un po' di compagnia.

Michaela Bellisario

Una casa per chi studia all'università, una compagnia per chi è anziano. Nessun affitto da versare, ma piccoli favori in cambio dell'ospitalità. E le bollette divise a metà. L'iniziativa è partita solo dieci mesi fa e ha già raccolto centinaia di adesioni. Si chiama «Non più da soli» lo scambio tra anziani e studenti promosso dal sindacato pensionati dello Spi-Cgil e dall'Udu, l'Unione degli universitari, con l'intento di unire chi vuole compagnia con chi è alla ricerca di un alloggio economico.

Il progetto è stato avviato un anno fa a Padova. Promotori sono stati un gruppo di studenti dell'Asu, Associazione degli studenti universitari (tel. 049/8753.923). «La risposta non si è fatta attendere - racconta Andrea Moro, presidente dell'associazione -, l'incontro tra le due generazioni è stato molto positivo». A livello nazionale l'iniziativa è partita ufficialmente nel marzo di quest'anno. E' stata realizzata in cinque città (Trieste, Bologna, Siena, Catania, Roma). La capitale ha risposto con entusiasmo a questa opportunità. «Ci sono arrivate 150 richieste - rivela Francesca Marchetti dello Spi-Cgil - abbiamo già avviato quattro coabitazioni e pensiamo di aggiungerne altre sei per la fine dell'anno».

Ma come funziona? Il processo è lento: non è semplice incrociare le esigenze di due persone. Si parte con una richiesta agli enti promotori, Spi-Cgil (tel. 06-44.481) o all'Udu (tel. 06-8476.299 oppure 06-8476.533). Quindi si viene sottoposti ad un questionario orientativo e a vari colloqui con psicologi. Infine si conosce il futuro inquilino e il padrone di casa. «Gli abbinamenti non sono casuali - sottolinea Serena Fabrizi, coordinatrice nazionale Udu del progetto - si gestiscono con molta attenzione». Si firma, infine, un vero e proprio contratto, con regole, diritti e doveri, rinnovabile di anno in anno. Interessante l'identikit di chi si è già fatto avanti. Tra gli anziani sono spesso coppie di coniugi con grandi appartamenti a chiedere compagnia, desiderosi soprattutto di una presenza notturna; tra gli studenti, spesso sono i laureati o gli specializzandi con redditi bassi a rivolgersi a questo servizio. .

unità

Fare acquisti

due 2

unità 2
Fare acquisti

sezione 1   **TEMPO DI SALDI**

IN QUESTA SEZIONE IMPARERAI A:

- DESCRIVERE CAPI DI ABBIGLIAMENTO
- ESPRIMERE DESIDERI E PREFERENZE
- INFORMARTI SUL PREZZO DI QUALCOSA

Leggi solo il titolo e il sottotitolo dell'articolo. Quale sarà secondo te l'argomento trattato?

ATTENZIONE! TEMPO DI SALDI!

IL "DECALOGO DEI SALDI", OVVERO CIÒ CHE È BENE VERIFICARE PRIMA DI OGNI ACQUISTO.

La Federconsumatori, in collaborazione con l'Ascom e la Confesercenti, ha stipulato un "decalogo dei saldi", cioè quello che bisognerebbe verificare prima di ogni acquisto. Infatti, nei periodi di saldi (dal 10 luglio al 10 settembre quelli estivi e dal 7 gennaio al 7 marzo quelli invernali) non sempre la merce scontata è così conveniente come sembra. I capi potrebbero essere particolarmente economici perché fuori moda o perché in realtà valgono solo la cifra richiesta.

Per evitare di "prendere fregature" è utile sapere che:
1) Il prezzo deve essere sempre ben visibile. Il commerciante non è comunque obbligato a indicare anche il prezzo originario come invece lo è nelle vendite promozionali.
2) Il prezzo di partenza (quello da scontare) deve essere lo stesso di prima dei saldi. Farà un buon acquisto chi ha memorizzato i vecchi prezzi.
3) I capi devono avere l'etichetta di composizione e di manutenzione, etichette indispensabili per l'uso corretto del capo stesso.
4) Deve essere presente l'etichetta del produttore.
5) Siccome molti commercianti rifiutano il cambio della merce venduta in saldo, occorre fare bene attenzione a fare la scelta giusta.

6) Il capo o la calzatura non devono presentare difetti: talvolta, infatti, viene offerta merce di seconda scelta.
7) Il commerciante deve aver comunicato al Comune la propria intenzione di effettuare la vendita di fine stagione, con la data di inizio e di fine.
8) Se si vuole pagare con la carta di credito o con il Bancomat, è meglio informarsi se questo è possibile. Talvolta durante i saldi il commerciante non accetta questi mezzi di pagamento.
9) Se il capo che si acquista in saldo non è disponibile in tutte le misure, è un buon segno: probabilmente si tratta veramente di merce di fine stagione.
10) I capi di abbigliamento venduti con la scritta "primina" o "primetta" sono in realtà capi difettosi e non sono quindi dei veri saldi.

Ascolta la registrazione. Dove si trovano le due ragazze? Che cosa cercano?

COME FARE PER... **DESCRIVERE CAPI DI ABBIGLIAMENTO**

Sono quelli elasticizzati sulla gamba e morbidi sotto... tipo anni '60.
Questi invece sono stretti in fondo, e poi hanno le tasche applicate.

bianco	nero	rosso	verde
giallo	blu	azzurro	rosa
viola	grigio	marrone	verde **chiaro**
bordeaux		arancione	rosso **scuro**

 di seta

di velluto a coste

di lana

 di velluto liscio

 di cotone

 dritto

a pieghe

 in tinta unita

 a righe

 a quadretti

 a pois

 con i bottoni

con la lampo/ con la cerniera

 col cappuccio

 con le maniche lunghe

 con le maniche corte

 senza maniche

 elasticizzato attillato

con le tasche

TIVITÀ

Guarda i seguenti articoli di abbigliamento (se di alcuni non conosci il nome, fai prima l'esercizio 7 sul QL). Con un tuo compagno svolgi poi almeno 5 minidialoghi secondo l'esempio.

Esempio: - *Guarda, che bella giacca!*
           ~*Quale?*
           - *Quella verde scuro con la cerniera e due tasche. Ti piace?*
           ~ *No, a dire il vero non mi piace molto; io preferisco quella là.*
           -*Quale?*
           ~ *Quella rossa con quattro tasconi e l'interno di pile.*

non sei d'accordo? la pensi diversamente? prendi tempo!!

Mah, veramente ...
A dire il vero ...
Beh, ecco, se devo essere sincero ...
Sinceramente ...

QL 8

SG
2, 3

Ascolta il dialogo e cerca di capire in che negozio si trova Silvio. Che cosa vuole comprare? Per chi?

COME FARE PER... **ESPRIMERE DESIDERI E PREFERENZE**

> **Vorrei** fare un regalo alla mia ragazza.
> **Preferirei** regalarle un profumo.
> Oggi **andrei** volentieri a fare un giro in bici.
> **Mi piacerebbe** comprarmi un paio di pantaloni.

ATTIVITÀ

Seguendo l'esempio, svolgi dei minidialoghi con il tuo compagno. Chi risponde dovrà dire ogni volta quell
che desidera o che preferisce.

Esempio: A: *Paolo, cosa prendi?*
             P: *Beh, io prenderei volentieri una coca.*

1. Paolo, cosa prendi?
2. Ti va un caffè?
3. Andiamo in paninoteca o in pizzeria?
4. Cosa vuoi fare all'università?
5. Hai già pensato a che cosa fare l'estate prossima?
6. Che cosa ti compri con i soldi che ti hanno regalato per la promozione?
7. Senti, dove andiamo domenica?

COME FARE PER... **INFORMARSI SUL PREZZO DI QUALCOSA**

Quanto	**costa** **viene**	questo profumo? la giacca in vetrina?	**- Costa** **- Viene**	25 euro. 180 euro.
	costano **vengono**	quelle scarpe? quei pantaloni?	**- Costano** **- Vengono**	100 euro. 48 euro.

Con un compagno. A turno chiedete e dite quanto costano questi articoli di abbigliamento, secondo l'esempio.

Esempio: A: *Scusi, quanto costa quella maglia in cotone con lo scollo a V?*
B: *Costa 38 euro.*
A: *E quei jeans, quanto vengono?*
B: *Vengono 32 euro.*

Calzino Sherpa €7,78

Bolder €77,82

Maglietta Termica €38,91

Guanti Wool Glove €16,60

Giubbotto Reno €108,95

Denim Thermo €41,50

Polo Maria €35,80

Trail Boots €93,39

Un giornalista intervista per strada alcune persone su cosa pensano dei saldi.
Ascolta quello che dicono le tre persone intervistate e riempi la griglia del QL.

QL
9, 10,
11, 12

milano
la capitale dello shopping

"I milanesi hanno il gusto del bello, e sanno venderlo." Lo scrive il settimanale newyorkese Time. E, si sa, strappare un complimento agli americani non è cosa da poco. Milano, in fatto di acquisti, offre veramente tanto. I grandi designer hanno trovato a Milano un prezioso laboratorio di creatività. Si potrebbe immaginare la città come un grande appartamento dove il salotto buono, quello degli ospiti d'onore, è rappresentato dalle vie Montenapoleone, Sant'Andrea, Spiga, Santo Spirito e Borgospesso, cuore dello shopping più lussuoso e delle grandi firme della moda. Corso Vittorio Emanuele II è l'elegante corridoio degli acquisti, all'ombra delle guglie del Duomo. Intorno tante "stanze" più piccole e caratteristiche, arredate da negozi più sobri ma altrettanto raffinati: piazza San Babila, via Dante, Brera, corso Magenta, corso

Vercelli. Infine, una sorta di "solaio" caotico ma affascinante dove si può trovare di tutto e di più, rappresentato dal corso Buenos Aires o dai negozi giovani, alternativi, etnici di corso di Porta Ticinese. Generalmente chi arriva a Milano per la

prima volta finisce col percorrere le vie più note, soprattutto quelle intorno al Duomo. E partendo dal monumento simbolo della città, ecco il corso Vittorio Emanuele II, ricco di vetrine, soprattutto di abbigliamento e accessori. Per i più giovani c'è, poco distante, il grande emporio Fiorucci,

che vende proprio di tutto, dai vestiti all'oggettistica, dai gadget ai prodotti di cosmesi. Gli articoli sportivi si trovano nei megastore del corso, Cisalfa e Footlockers, o nei negozi più classici delle traverse. In piazzetta Liberty è da poco stata inaugurata la nuova boutique di abbigliamento di Enrico Coveri. Per la cultura, l'ampia libreria Mondadori in largo Corsia dei Servi, e la Rizzoli in Galleria. E ancora per la musica, in piazza Duomo: Virgin e Ricordi, sempre affollati di giovani.
Prima di addentrarsi nella vicina via Montenapoleone, suggeriamo di passare in rassegna i negozi di corso Venezia, una delle strade di rappresentanza di Milano. Il consiglio per chi ammira le vetrine è di alzare ogni tanto gli occhi per osservare gli eleganti e antichi palazzi che si affacciano sul corso.
Dolce & Gabbana, Gianfranco Ferrè, Missoni, Romeo Gigli, Miu Miu hanno qui le loro boutique. Negozi concepiti più come oggetti di design che come semplici spazi di vendita.
Corso Venezia anticipa l'atmosfera della scintillante via Montenapoleone. Qui lo shopping non è alla portata di tutti, ma lo spettacolo offerto dal passeggio fra eleganti showroom e modelle longilinee è assolutamente gratuito. Regno dell'abbigliamento e degli accessori, ecco i nomi di alcuni stilisti che hanno fatto di via Montenapoleone il loro quartier generale: Etro, Ferragamo, Nazareno Gabrielli, Gucci, Iceberg, Missoni, Prada, Mila Schön, Valentino, Gianni Versace, Louis Vitton, Ungaro.
Usciti dal cosiddetto "quadrilatero" della moda (Montenapoleone, Spiga, Manzoni, Venezia), l'itinerario, per chi ama fare acquisti particolari, prosegue in un'altra deliziosa cornice: Brera. Qui, per le vecchie strade del quartiere, tutto

sembra essere unico e speciale.
Si trovano gallerie d'arte e argentieri, antiquari e moderne esposizioni di arredamento, show-room e negozi di oggettistica raffinata.
Il filo rosso dello shopping conduce nella zona di corso Magenta, dove si concentrano in meno di cinquecento metri tre librerie davvero particolari. La Libreria Milanese, un punto fermo per chi ama la città, la Libreria dello Spettacolo e, per i patiti, La Libreria dello Sport.
Acquisti dal tocco esotico e cosmopolita nei negozi in corso di Porta Ticinese: giovani, alternativi e molto di tendenza in città. Alcuni esempi? Borse, cinture e bijoux provenienti dal Sudamerica, abbigliamento hand made prodotto in Thailandia, India e Perù, tessuti indiani.
Per concludere il lungo itinerario dello shopping milanese, non si può prescindere da corso Buenos Aires, la più lunga arteria commerciale della città. Qui trovano spazio più di 350 punti vendita: grandi magazzini e piccole rivendite,

negozi tradizionali e vetrine psichedeliche, bancarelle abusive e boutique d'alta moda. Una passeggiata infinita, questo è lo shopping a Milano, che nulla ha da invidiare alle altre grandi città europee. Ad ogni angolo vetrine tentatrici sembrano voler raccontare al passante lo spirito della città: straordinario connubio di ricchezza e stile, cultura e glamour, tradizione e innovazione.

CONSUMI

In quale Paese si compra meglio con l'euro

Il pieno di benzina costa meno in Spagna, l'auto a noleggio in Irlanda, il quotidiano in Germania e il cinema in Portogallo

D'ora in poi avremo a che fare con l'euro in ogni occasione di spesa o di investimento. E' opportuno cominciare a fare un po' di pratica con la nuova moneta che, oltre tutto, fa uso anche di centesimi. Ad esempio, ci si può chiedere: dove conviene in Europa noleggiare l'auto? Dove costa di meno mangiarsi un'hamburger? Dove si spende di meno per andare al cinema, comprare il giornale, una coca cola, un paio di jeans? Dove si risparmia a fare il pieno di benzina, a spedire una lettera, a fare una telefonata? Può essere semplice curiosità ma, visto che si viaggia sempre di più, magari anche solo per un fine settimana, può capitare di trovarsi qua e là in Europa: e allora perché non approfittare per comprare qualcosa più conveniente che in Italia?

Adesso che i prezzi degli 11 Paesi aderenti all'euro vengono indicati anche nella nuova moneta, il confronto è immediato. Non c'è più bisogno di fare complicati calcoli di conversione, come in passato, calcoli che per di più cambiavano ogni giorno. Con riferimento almeno ai consumi scelti per questa indagine, l'Italia si colloca nella fascia alta: vale a dire che i nostri prezzi risultano nella maggior parte dei casi più salati. Anche se il nostro tenore di vita è certamente tra i meno elevati tra gli 11 Paese euro. Ma andiamo con ordine.

Elettricità. Il primato va all'Italia se si guarda alla fascia più bassa di consumo, mentre è il Belgio dove costa di più tenere acceso la luce. Solo la Finlandia è vicina alla posizione italiana che risulta quasi metà rispetto ai valori presenti in Europa.

Posta. Non fa molta differenza spedire una lettera nella Penisola piuttosto che in un altro Paese d'Europa. Tranne che in Spagna dove il francobollo costa meno della metà.

Cinema. Il biglietto di ingresso è massimo in Germania e minimo in Portogallo. Il prezzo italiano risulta abbastanza basso.

Hamburger. I finlandesi pagano più di tutti il panino con doppio hamburger. Ma si tratta nel complesso di valori allineati.

Giornale. In Olanda, Belgio e Spagna i quotidiani costano più cari. Più del doppio che in Germania, ad esempio.

Benzina. Finlandia, Olanda e Francia praticano prezzi ancora più alti dell'Italia.

Telefono. Sono Austria, Irlanda e Belgio dove telefonare in città costa più caro.

Auto. E' veramente un lusso prendere un auto a noleggio in Italia. In tutti gli altri Paesi costa di gran lunga di meno: meno della metà in Francia e Spagna, addirittura un terzo in Germania e ancora di meno in Irlanda.

Coca cola. Solo in Germania viene rilevato un prezzo più alto che in Italia.

Jeans. Non vi è pressoché differenza acquistarli a Parigi o a Madrid.

Morale? Se girate l'Europa, in Irlanda risparmiate a mangiare hamburger e a girare in auto a nolo, in Spagna a bere coca cola e a mandare per posta i saluti agli amici, in Portogallo a vedere un film, in Lussemburgo a fare il pieno di benzina, in Germania a comprare il giornale.

Pieretta Calzi

UNA CARRELLATA DEI PREZZI IN EURO DI DIECI TIPI DI CONSUMO

CONSUMI ELETTRICI (al kw fino a 3 kwh)

Austria	0,14
Francia	0,15
Germania	0,15
Paesi Bassi	0,14
Belgio	0,19
Irlanda	0,12
Portogallo	0,13
Finlandia	0,09
Italia	0,07
Spagna	0,14

UN FRANCOBOLLO

Lussemburgo	0,39
Germania	0,55
Paesi Bassi	0,35
Austria	0,50
Finlandia	0,42
Irlanda	0,40
Portogallo	0,39
Belgio	0,41
Francia	0,45
Italia	0,41
Spagna	0,19

UN BIGLIETTO PER IL CINEMA

Austria	8,23
Francia	7,38
Lussemburgo	8,65
Paesi Bassi	8,56
Irlanda	7,52
Germania	9,16
Finlandia	6,70
Portogallo	3,72
Italia	6,17
Spagna	4,47
Belgio	-

UN PANINO CON DOPPIO HAMBURGER

Austria	2,67
Germania	2,55
Lussemburgo	-
Portogallo	2,26
Belgio	2,76
Irlanda	2,06
Paesi Bassi	2,53
Spagna	2,26
Finlandia	3,47
Italia	2,36
Francia	2,69

Fonte: Asca

UN QUOTIDIANO

Austria	0,54
Germania	0,44
Paesi Bassi	0,96
Portogallo	0,54
Belgio	0,86
Irlanda	0,72
Spagna	0,80
Finlandia	0,66
Italia	0,77
Francia	0,72

UN LITRO DI BENZINA VERDE

Austria	0,86
Germania	0,81
Lussemburgo	0,66
Paesi Bassi	0,96
Belgio	0,87
Irlanda	0,76
Portogallo	0,81
Finlandia	0,96
Italia	0,90
Spagna	0,67
Francia	0,92

UNA TELEFONATA URBANA DIURNA

Finlandia	0,10
Germania	0,13
Lussemburgo	0,14
Francia	0,13
Irlanda	0,20
Paesi Bassi	0,11
Italia	0,09
Portogallo	0,11
Spagna	0,09

BOTTIGLIA DI COLA DA L 1.5

Austria	-
Belgio	1,22
Francia	1,02
Lussemburgo	1,06
Germania	1,57
Irlanda	1,19
Portogallo	1,02
Italia	1,29
Spagna	0,77

UN'AUTO A NOLEGGIO (PER GIORNO)

Austria	172,94
Germania	81,36
Lussemburgo	125.58
Portogallo	168,63
Belgio	131,87
Irlanda	64,08
Paesi Bassi	149,69
Spagna	107,78
Finlandia	139,20
Italia	242,84
Francia	103,57

UN PAIO DI JEANS

Francia	66,3
Lussemburgo	66/68
Belgio	71
Portogallo	64
Finlandia	65/71
Italia	52/71
Spagna	64

unità 2
Fare acquisti

IN QUESTA SEZIONE IMPARERAI A:

- ESPRIMERE DISAPPUNTO E SCETTICISMO
- INFORMARTI E DESCRIVERE LA QUALITÀ DI QUALCOSA
- CHIEDERE ED ESPRIMERE UN PARERE (2)

QL
1, 2

Mauro e Fabio sono in settimana bianca con la scuola. Ascolta il dialogo fra i due ragazzi e cerca di capire qual è il problema di Mauro.

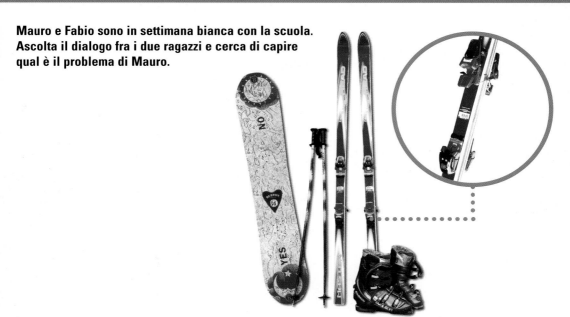

COME FARE PER... **ESPRIMERE DISAPPUNTO**

Oh, no, questa non ci voleva!
Accidenti, che rabbia!
Ma guarda che sfortuna!
Ma non è possibile!
Ci mancava anche questa!

COME FARE PER... **ESPRIMERE SCETTICISMO**

Sì, figurati ...!
Sarà ...
Se lo dici tu ...
Ma figuriamoci!
Tanto, peggio di così!

Con un compagno, svolgi il dialogo nelle seguenti situazioni, assumendo a turno i ruoli di A o di B:

A: ....

B: Non te la prendere, dài, per fortuna non ti sei fatto niente!

A: ....

B: Sì, ma tanto non sono tuoi, li avevi noleggiati, no?

A: ....

B: Dove, fammi vedere.

A: ....

B: Accidenti, è proprio rotta. Però magari tua madre la può ancora riparare.

A: ....

B: Che ti è successo?

A: ....

B: Ma no, dài, vedrai che il prof. lo capisce che non è colpa tua e non ti dice niente.

A: ....

B: Oh, accidenti, aspetta che ti do un fazzolettino!

A: ....

B: Eh, sì, le macchie di cioccolato non vanno via tanto facilmente.

▶ **SG** 1

▶ **QL** 3

a³

Di cattivo umore

Basta!
Piantala!
Smettila!

Una volta il sale era caro!

Sale

un conto salato = carissimo

In questo breve articolo si parla di attrezzatura per sciare in fuoripista. Individua almeno sei oggetti indispensabili per il perfetto sciatore.

SCI, BASTONI E RONDELLE

Dalla tuta agli scarponi, i consigli del perfetto sciatore fuoripista per scegliere i materiali giusti

Affondati nella neve fino alle ginocchia, magari ad alta quota e senza possibilità di fermarsi in un rifugio a cambiarsi. Per chi se la sente di affrontare il fuoripista è necessaria qualche attenzione in più nella scelta di attrezzatura e abbigliamento. Una comoda tuta impermeabile ma traspirante, tipo goretex, o un completo giacca e pantaloni sempre in tessuto impermeabile traspirante sono ideali. Per essere ben caldi si possono indossare sotto la giacca due o tre strati di pile, più leggero e più caldo della lana. Guanti, cappello, occhiali e creme da sole sono ovviamente indispensabili. Gli occhiali devono essere morbidi e leggeri, ma ultraresistenti ai graffi e agli urti. Gli scarponi possono essere quelli da discesa purché non siano troppo stretti e siano ben avvolgenti. Lo sci in genere è più morbido di quello da pista ed è particolarmente resistente. Ultimamente sono arrivati sul mercato anche sci da freeride, facili, piacevoli e con ottimo galleggiamento. I bastoncini devono avere una rondella più grande rispetto a quelle da pista.

Grazia vuole iniziare un'attività sportiva. Sul giornale vede il seguente annuncio:

Questa pubblicità può essere utile a Grazia?
Che cosa deve fare Grazia per avere più informazioni?

Grazia si è iscritta ad un corso di aerobica a Sportinsieme. Ora deve comprare l'abbigliamento adatto.
Ascolta la conversazione nel negozio di abbigliamento sportivo. Che cosa acquista alla fine Grazia?

COME FARE PER... **INFORMARSI E DESCRIVERE LA QUALITÀ DI QUALCOSA**

▶**SG** ₂

Com'è il body, è comodo?	
Com'è la qualità di questa canotta?	
	Questi shorts hanno un'**ottima** vestibilità.
	Questo body è di **ottima qualità** ed è **comodissim**
	È **abbastanza** aderente.
	Questa canotta mi sembra **proprio** carina.
	È **veramente** bello.
	Questi occhiali sono **ultra**resistenti agli urti.

ATTIVITÀ

Chiedi ad un compagno informazioni sulla qualità dei capi di abbigliamento fotografati qui sotto.
Per rispondere, il tuo compagno sceglie fra gli aggettivi sottostanti. Scambiatevi i ruoli ad ogni foto.

resistente leggero traspirante pratico facile da lavare

caldo flessibile indistruttibile vivace di ottima qualità

robusto morbido elasticizzato moderno comodo impermeabile

Esempio: - *Com'è la qualità di questi scarponi da sci?*
~ *Sono comodissimi, e anche molto robusti.*

SG ₃

COME FARE PER... **CHIEDERE ED ESPRIMERE UN PARERE (2)**

Allora, **che te ne pare di** questi articoli? Come **ti sembrano**?	
	Il top **mi pare** un po' troppo corto. Questo body **mi sembra** un po' caro. Queste canotte **mi sembrano** proprio carine. Il rosa personalmente **lo trovo** molto bello.

TIVITÀ

Sei davanti a questa vetrina con il tuo compagno. Chiedigli che cosa pensa degli articoli che vede esposti. Lui ti risponde usando le espressioni appena viste. Poi lui farà le stesse domande a te.

Esempio: - *Che te ne pare di quelle scarpe da ginnastica?*
~ *Le trovo abbastanza belle, ma mi sembrano un po' care.*

Potete servirvi di questi o di altri aggettivi:

molto, poco, piuttosto, abbastanza, veramente ...

caro   *bello*   *comodo*   *elegante*

caldo   *pratico*   carino   *fresco*   pesante

leggero

brutto   *fuori moda*   resistente   adatto a me

In un niente = molto velocemente, subito.

QL 10

TUTTOTENDA

È giunto il momento di pensare alle prossime vacanze estive e chi deve acquistare una tenda è frastornato dalle innumerevoli offerte che gli giungono dal mercato e probabilmente ancora non ha deciso su quale tipo di attrezzatura orientarsi.

Provate a riconoscervi in una delle descrizioni che seguono, per determinare la vostra tenda tipo; con un minimo di elasticità perché la tenda è uno strumento abitativo elastico ed in ogni categoria esistono modelli con caratteristiche tali da assicurare un vasto campo di utilizzazione.

CANADESE

Hai scelto di passare la tua estate in tenda, anche al di fuori di strutture organizzate ma comunque senza troppi spostamenti. In ogni caso per te è importante non spendere troppo, disporre di abbastanza spazio ed eventualmente di una veranda.

Pro e contro:

Vantaggi
- *costo contenuto*
- *ottima traspirazione*
- *ampia cubatura*

Svantaggi
- *tempi di montaggio non brevi*
- *necessità di picchetti e tiranti*
- *peso e dimensioni non la rendono adatta al trekking o al cicloturismo*

IGLOO

La tua è un'idea di campeggio in movimento non limitata al periodo estivo: ti fermi per la notte e poi via tenda in spalla. Quindi per te le caratteristiche di leggerezza, velocità di montaggio e smontaggio e possibilità di utilizzo in ogni condizione sono essenziali.

Pro e contro:

Vantaggi
- *leggerezza e minimo ingombro*
- *facilità e rapidità di montaggio e smontaggio*
- *costi abbastanza contenuti*
- *possibilità di montaggio su ogni superficie senza bisogno di picchetti*

Svantaggi
- *minore potere traspirante*
- *spazio per persone limitato*
- *scarsa resistenza di tessuti e colori ai raggi solari*

CASETTA

Campeggio sì, ma in tutta comodità e senza spostamenti tenda al seguito. L'altezza deve essere tale da consentirti di stare agevolmente in piedi, ti serve lo spazio per tutte le tue attrezzature da vacanza (frigo, cucina, sdraio, etc.) e per dormire vuoi avere un locale separato da figli o amici.

Pro e contro:

Vantaggi
- *vasta superficie e altezza ragguardevole*
- *prezzi non elevati in rapporto a dimensioni e comodità*
- *possibilità di portare molte attrezzature*

Svantaggi
- *peso notevole (40 - 60 Kg)*
- *notevole ingombro*
- *necessità di grande spazio per l'installazione*
- *tempo di montaggio di almeno mezz'ora*

CARRELLO TENDA

Vuoi la comodità quando la tenda è montata ma non vuoi rinunciare alla tua libertà di movimento, per poter cambiare posto anche ogni giorno, quindi capienza e facilità di montaggio sono le tue esigenze.

Pro e contro:

Vantaggi
- *leggerezza e dimensioni contenute consentono il traino anche ad auto di modesta cilindrata*
- *velocità e semplicità di montaggio lo rendono adatto al campeggio itinerante*
- *è un prodotto economico e duraturo*

Svantaggi
- *può essere utilizzato solo con auto al seguito*

TENDE DA TETTO

Non hai intenzione di lasciare l'auto e vuoi avere la possibilità di dormire sempre e velocemente in qualsiasi luogo, dopo una lunga giornata di guida o una sana attività sportiva (surf, deltaplano, pesca). Inoltre hai pensato a un viaggio "on the road" e probabilmente non avrai sempre il tempo di montare un classico campo per la notte; in ogni caso, non sempre può essere sicuro posizionare la tenda direttamente sul terreno.

Pro e contro:

Vantaggi
- *tenda sempre disponibile e a portata di mano*
- *si apre con un movimento*
- *sempre all'asciutto e sollevata dal terreno*

Svantaggi
- *è pesante da trasportare e da spostare*
- *comporta un notevole ingombro aerodinamico per l'auto che la trasporta*
- *non ci stanno più di due persone*

QL
11, 12,
13, 14

Altro Consumo

DOSSIER

SCI E SCARPONI

Passi lunghi e ben distesi

UN INVERNO SUGLI SCI

Partire con gli sci e con gli scarponi giusti, in base a proprie esigenze e alle proprie capacità. Non trascura la sicurezza. Scegliere la meta adatta al riparo da sorprese. Ecco i tre ingredienti di una vacanza riuscita

I CRITERI PER TESTARE GLI SCI

Visti i prezzi, a dei buoni sci chiediamo almeno che durino a lungo. Che resistano alle asperità del terreno, agli urti, all'usura e alle deformazioni. Tenendo conto che non si può avere tutto...

<u>Qualità della superficie</u>
È più che altro una questione estetica, ma ha la sua importanza. A nessuno piacerebbe ritrovarsi dopo qualche discesa scritte e colori sbiaditi, la superficie rigata, uno sci che esternamente dimostra molti più anni di quelli che ha.

<u>Resistenza alla deformazione</u>
È uno dei criteri più importanti nel determinare la durata di uno sci. Le deformazioni più frequenti riguardano le punte e la parte anteriore dello sci, dove lo spessore è inferiore. Sono provocate dalle sollecitazioni del terreno, quando lo sciatore – per fare un esempio – affronta le gobbe a forte velocità. In caso di deformazione il negoziante è tenuto a riprendersi lo sci e lo invia alla casa produttrice. È quest'ultima che decide se la colpa è di un difetto di fabbricazione o di un uso improprio degli sci da parte dello sciatore. Se si prende la colpa, il produttore sostituirà gli sci con un paio nuovo, a sue spese. Altrimenti sarà il consumatore a

rimetterci, buttando via gli sci e tutti i soldi che aveva speso. No sembra giusto che sia il produtte a giudicare se stesso. Consiglian comunque ai consumatori di conservare lo scontrino, con la dell'acquisto. Solo in questo cas c'è qualche speranza che il negoziante si riprenda indietro i paio di sci.

<u>Durezza delle lamine</u>
Un criterio non decisivo per la valutazione della durata dello sc ma comunque importante. Le lamine vanno periodicamente riaffilate, e la maggior parte dei consumatori si devono affidare a un negozio specializzato, con le conseguenti spese.

<u>Solidità della zona attacchi</u>
È una questione di solidità dei materiali. Le viti che fissano gli attacchi devono potersi ancorare solidamente allo sci: se in caso d caduta le viti cedono, è possibile che non funzioni il meccanismo sganciamento dell'attacco, con gravi problemi di sicurezza.

I CRITERI PER TESTARE G SCARPONI

A calzata anteriore, posteriore o mid: c'è solo l'imbarazzo della scelta. In realtà il problema è trovare "il proprio" scarpone, quello che si adatta alla forma de piede.

Scegliere senza fretta

Non si discute: lo scarpone deve essere proprio quello giusto. Altrimenti la giornata di sci rischia di trasformarsi in una tortura.
Senza farsi troppo influenzare da valutazioni estetiche, bisogna tener conto delle caratteristiche fisiche del proprio piede, oltre che delle proprie capacità tecniche. Anche se la forma degli scarponi da sci viene attentamente studiata da chi li progetta, difficilmente un modello si adatta a tutte le morfologie. Per evitare di soffrire, scegliete con calma.

● In negozio, non limitatevi a provare più modelli di una stessa marca, ma provate vari modelli di marche diverse. Questo perché i piedi non sono tutti uguali e i vari produttori prendono come riferimento diverse morfologie del piede. Ad esempio: difficilmente se vi va bene uno scarpone Nordica, calzerete altrettanto bene uno scarpone Salomon, e viceversa.
● Provate vari sistemi di chiusura: a quattro ganci, a calzata posteriore, mid. Così potrete scegliere il modo di regolazione che vi è più congeniale.
● Non si può decidere se lo scarpone è quello giusto tenendolo ai piedi per cinque minuti: bisogna aspettare un po' di più, e intanto camminare, provare flessioni e torsioni. Provate anche i ganci e le altre possibilità di regolazione. Insomma: scegliete senza fretta.
● Provate contemporaneamente entrambi gli scarponi: prima di tutto perché sappiamo che i due piedi

non sono mai identici, poi perché è più facile valutare l'altezza e la posizione del piede.
● Scegliete la misura giusta, non troppo stretta ma neanche troppo grande. Ormai non è più necessario indossare grossi calzettoni di lana per andare a sciare. Gli scarponi di oggi assicurano – e lo verifichiamo nel test – un sufficiente isolamento termico.
● Volete la sicurezza proprio assoluta di scegliere gli scarponi giusti? Un'idea potrebbe essere quella di noleggiare per un giorno il modello che pensate di comprare, e provarlo sulle piste. Così non si può proprio sbagliare!

Ci sono infine alcune regole che permettono di mantenere gli scarponi in buono stato.
● Non lasciate gli scarponi nel bagagliaio dell'auto tutta la notte, al freddo. Non solo non sarà piacevole indossarli la mattina dopo, ma li troverete anche più rigidi.
● Alla fine di ogni giornata di sci, estraete la scarpetta interna e fatela asciugare a temperatura ambiente. Pulite lo scafo con una spugnetta umida.
● Alla fine della stagione, riponete gli scarponi con i ganci chiusi. Lasciati a lungo aperti, rischiano di deformarsi, di perdere la forma originaria.

NORDICA Bioflex 70

DOLOMITE V82

TECNICA CS 80

Quale Trekking

► Esistono almeno tre categorie di trekking.

1 Quella ruspante, autogestita, che consiste nel percorrere a piedi un itinerario fatto di sentieri e stradine per lo più già noti, in zone collinari o di mezza montagna, facilmente raggiungibili in auto o in ferrovia. Si parte il mattino, si cammina per qualche ora, si bivacca al sacco o in trattoria, si rientra la sera. Per equipaggiamento, un paio di pedule (scarpe fatte appositamente per andar per sentieri) e uno zaino di dimensioni ridotte per l'impermeabile in caso di pioggia, per la borraccia dell'acqua, qualche vivanda, un golf.

2 Quella più impegnata, che si affida alle organizzazioni (ce ne sono moltissime dal Nord alla Sicilia) che predispongono programmi con una gamma vastissima di itinerari, molti dei quali anche a tema, perché di particolare interesse naturalistico e culturale. I trek possono essere di un solo giorno o

►

► di un week-end. Ci sono anche i trek itineranti, che prevedono ogni giorno un diverso posto-tappa in albergo o in rifugio. E i trek cosiddetti "a stella", con escursioni ogni giorno diverse che hanno come base un solo albergo o un rifugio. Con questi ultimi basta avere uno zainetto per le proprie esigenze quotidiane.

3 Il grande trekking, in Italia o all'estero. Ora anche in Italia un gran numero di sportivi sceglie di impiegare le vacanze mutuando la passione per il trekking con il desiderio di conoscere luoghi lontani, spesso esotici.

L'equipaggiamento

► Per fare trekking ci si può attrezzare in due modi: con semplicità spartana, cosa che non ne penalizza né la riuscita né il piacere, oppure con una certa dovizia di accessori che, di ultima generazione, possono regalare sensazioni e appagare i più esigenti.

Cominciano con l'equipaggiamento indispensabile, che prevede:

■ zaino di circa 50/60 litri, con tasche laterali, per i trek di più giorni; di circa 30 litri, per i trek di un giorno;

■ scarpe e calze da trekking;

■ maglietta e camicia in cotone;

■ pile o pullover;

■ pantaloni comodi, lunghi e corti;

■ giacca a vento o k-way;

■ mantellina impermeabile e pantavento;

■ borraccia, guanti, berretto, tuta da ginnastica, coltello milleusi, occhiali da sole, fischietto.

A questa base essenziale e spartana di equipaggiamento si possono aggiungere alcuni accessori optional, non indi-

spensabili ma utili e divertenti.

■ bastoni telescopici da trekking: rendono più sicura e meno faticosa la camminata, riducendo lo sforzo in salita, e le sollecitazioni delle articolazioni in discesa;

■ orologio trekking counter: è dotato di barometro, altimetro, termometro, contapassi. Il modello Triple sensor è dotato anche di bussola per l'orientamento;

■ molti preferiscono disporre di una bussola di precisione, non annessa all'orologio, con una base graduata che consente la lettura di una carta geografica durante l'escursione;

■ macchina fotografica, binocolo, pila elettrica. Ve ne sono in commercio di dimensioni ridotte e molto leggeri, quindi non è il caso di rinunciarvi. Per percorsi straordinari, un sacco a pelo.

Sedentari d'Italia

Sono 34 milioni gli italiani che fanno attività sportiva, ma sono oltre 20 milioni i sedentari.

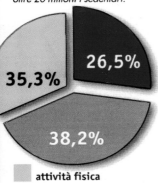

26,5%

35,3%

38,2%

- attività fisica
- attività sportiva
- nessuna attività

IN QUESTA SEZIONE IMPARERAI A:

- ESPRIMERE AVVERSIONE
- ESPRIMERE SORPRESA
- ESPRIMERE UN PARERE (3)

Piero e Massimo parlano di alcuni gruppi musicali italiani. Ascolta quello che dicono i due ragazzi e cerca di capire quali gruppi e generi musicali gli piacciono o non gli piacciono.

QL 1

SG
1, 2

TIVITÀ

COME FARE PER... **ESPRIMERE AVVERSIONE**

Il folk-rock **non mi piace per niente.**
Non sopporto i cantanti rap.
Detesto le canzoni in dialetto.
Io quei cantanti **non li reggo** proprio.
Odio la musica hip hop.

Leggi insieme ad un compagno la pagina dei programmi TV di questa sera. Tu proponi al tuo compagno di guardare un programma. Lui ti dice se quel genere di programmi gli piace o no. Scambiatevi i ruoli ad ogni domanda.

Esempio: - *Che ne dici, guardiamo "Sissi la principessa"?*
~ *No, ti prego, detesto i cartoni animati! // - Sì, buona idea, i cartoni animati mi piacciono un sacco.*

RAIUNO

C. GUIDA SHOWVIEW 001   199/108108

7.30	**SISSI LA PRINCIPESSA** Cartoni animati
9.50	**L'ALBERO AZZURRO** Varietà per ragazzi
10.20	**CONCERTO DELLA BANDA DELL'ESERCITO** Presenta Melba Ruffo
11.10	**IL FILO DEL RASOIO** ► FILM ◄ Dramm., Usa, 1984
13.30	**TELEGIORNALE** Notiziario
14.00	**LINEA BLU** Programma di attualità Conducono Donatella Bianchi e Mario Cobellini
15.10	**IL PARADISO DI CORALLO** Documentario sulla natura
16.10	**RAI CARTOONS**
16.55	**DISNEY TIME** Varietà per ragazzi: I cartoni animati di Walt Disney
18.30	**L'ULTIMO CHEYENNE** (prima visione) ► FILM ◄ Western, Usa, 1994
20.00	**TELEGIORNALE** Notiziario
20.40	**LA ZINGARA** Gioco a premi

QL
2, 3

a cura di Fausto Pirito

LA *RECENSIONE* DEL MESE

ALMAMEGRETTA

Quarto album per la band italiana più internazionale del momento

1 2 3 4 5 6 7 8 9   **BMG**

Almamegretta
4/4

SE NAPOLI INCONTRA IL MONDO...

«**H**o speso la maggior parte della mia vita credendo nelle verità di un guru di basso livello», canta Raiss in *Cheap Guru*, il brano che apre il nuovo album degli Almamegretta. Piccolo manifesto di frustrazione quotidiana da cui ci si eleva col «sangue e l'anima» (per citare un brano che affonda nelle radici della storia musicale della band). *4/*, infatti, è un titolo che è tutto un programma: musica per ballare senza dubbio, in brani estenuanti come *Mbikili* o, ancora più veloci, come *Riboulez Le Kick* in cui forse si riflette anche l'esperienza di collaborazione di Raiss con uno dei gruppi più importanti della scena elettronica mondiale: i Letfield, appena usciti con *Rhythm And Stealth*. Ma nel cd trovano posto anche brani divertenti come *Sempre* in stile rocksteady, canzoni d'amore viscerali come *Brucia* o la dolcissima *Venus* (che prosegue l'illuminazione di brani tipo *En-Sof in Lingo*), dub di presa immediata come *OreMinutiSecondi*, trip-hop Napoli-style come la bellissima *Alta Fedeltà*, mentre *Chi* avrebbe potuto farla il primo Pino Daniele. E poi ci sono la magia, con gli incredibili vocalizzi della sciamana di Tuva, Sainkho, a cui è dedicato un intero brano, *Sainkho's Blues*, e la preghiera di *'O mmeglio d'a vita* che continua gli squarci di quotidianità raccontati in passato in canzoni come *'O bbuono e 'o malamente* e *Gramigna*. *4/4*, insomma, è l'album più completo degli Almamegretta fino a questo momento, quello in cui vengono sintetizzate attitudini vecchie e nuove in chiave internazionale.

(l. v.)

► **QL** 4

ⓑ

Anna e Cristina si incontrano ad una festa studentesca. Ascolta quello che si dicono. Perché Cristina è così sorpresa? Chi è Marco?

► **QL** 5

COME FARE PER... **ESPRIMERE SORPRESA**

Ma guarda chi si vede! Che sorpresa!	
Sai, io e Marco stiamo insieme.	Cosa?!? Davvero?!?
In classe tutti dicono che per Marco esiste solo lo studio.	Pazzesco! Ma no! Chi lo avrebbe detto! Chi lo avrebbe mai pensato!
Non ci crederai, ma ci siamo conosciuti in un negozio di musica.	Sul serio?!? Incredibile!

TIVITÀ 1

Scegli una notizia da dare al tuo compagno. Lui reagisce positivamente o negativamente. Può esprimere sorpresa (b¹), avversione (a¹), disappunto o scetticismo (Sezione 2, a¹ e a²). Poi scambiatevi i ruoli.

Esempio: - *Hai saputo che il prof. di matematica oggi non viene perché sta male?*

Alcune risposte possibili:
~ *Davvero?!? Incredibile, ieri lo speravo proprio, perché non ho avuto tempo di studiare!*
~ *Ah, sì? Che rabbia! Oggi volevo chiedergli se mi spiegava una cosa!*

• Il vostro insegnante di matematica è malato.
• Hanno annullato il concerto di Zucchero nella vostra città.
• L'ultimo album di Ligabue è esaurito in tutti i negozi.
• Gli Abba tornano insieme per un concerto di beneficienza.
• Il direttore della scuola ha deciso di non fare più gite di classe.
• Da Coin scontano i pantaloni della Diesel del 40%.
• Miguel Bosè vuole smettere di cantare e mettersi a fare politica.
• Ieri sul piazzale della scuola hanno rubato dieci biciclette.
• Uno studio ha dimostrato che ascoltare musica sviluppa l'intelligenza.

TIVITÀ 2

LO SAI CHE...

Racconta al tuo compagno cinque cose che sono successe a te o a qualcuno che conosci nell'ultimo mese. Lui deve decidere come reagire ai tuoi racconti (con sorpresa, avversione, scetticismo). Poi invertite i ruoli.

Stai per leggere un'intervista realizzata da una rivista musicale su web, che parla di un genere musicale molto diverso da quelli visti finora. Chi è Alfonso Antoniozzi? Che tipo di musica fa?

Microsoft® Internet Explorer

Indietro Avanti Interrompi Aggiorna Pagina iniziale Preferiti Cronologia Ricerca Riempimento autom. Grande Piccolo Stampa Posta Preferenze

Indirizzo: www.musicboom.net/   Vai

Intervista con Alfonso Antoniozzi

UN BUFFO SERIE E PREPARATO

di Nicola Gandolfi.

Alfonso Antoniozzi, nato a Viterbo, una delle voci più importanti (insieme a Cecilia Bartoli e Michele Pertusi) della lirica italiana. Specialista nel genere buffo, interpreta non solo opere del settecento e ottocento italiano, ma anche importanti titoli del repertorio contemporaneo ('Morte a Venezia' di Benjamin Britten, fra le altre). Attualmente alla Scala di Milano è impegnato ne "La Forza del Destino" di Verdi, una nuova produzione diretta da Riccardo Muti.

classica. Mi sembra che anche i mass-media non facciano abbastanza per avvicinare la musica classica alla gente; i giornali e la TV si occupano della lirica solo quando ci sono i grandi eventi.

Alfonso, tu sei considerato uno dei migliori "buffi" del panorama lirico mondiale. Che cosa significa essere un basso buffo? Quali difficoltà comporta?

Il repertorio del buffo è bellissimo perché ti permette di spaziare attraverso due secoli di musica, da Pergolesi a Verdi. Penso che la difficoltà più grande di questo tipo di voce sia quella di dover cercare di far ridere con la musica e non con il proprio istinto. Da un punto di vista tecnico, il pericolo più grande è di giocarsi così la tecnica di canto per voler ricercare il sillabato e l'espressività. Bisogna stare sempre attenti e usare la stessa tecnica che si userebbe per i ruoli cosiddetti 'seri', mantenendo i suoni nella giusta proporzione.

Molti credono che il mondo della musica classica, e quello della lirica in particolare, siano in crisi perché troppo distanti dal gusto del pubblico, soprattutto da quello dei giovani. Tu che cosa ne pensi in proposito?

La musica lirica è nata come un fenomeno popolare e solo col tempo è diventata una specie di fenomeno elitario. Uno dei motivi è sicuramente anche il prezzo di un biglietto per andare a sentire un'opera.
L'istruzione, in Italia, dovrebbe dare molto più spazio all'educazione musicale fin dalla scuola elementare. Stimolare i bambini a cantare, a suonare uno strumento, a conoscere e ad amare la musica di tutti i generi ed in particolare quella

Qualcuno è convinto che il fatto che i cantanti 'pop' includano pezzi di lirica nei loro concerti possa avvicinare il pubblico. Tu che cosa ne pensi?

Io non credo che questa sia la strada giusta. Penso, anzi, che inserire un'aria da opera in un pezzo di musica leggera la faccia diventare, appunto, niente più che una canzonetta orecchiabile, più o meno sdolcinata e cantata spesso alla carlona.

Credi che sia possibile avvicinarsi ad un nuovo pubblico anche passando per internet ed utilizzando le nuove tecnologie informatiche e multimediali?

Non so. Per il momento internet mi sembra un grande archivio multimediale dove ognuno può trovare quello che cerca, ma non credo che riesca a solleticare l'orecchio di chi non è interessato. Chi invece è già appassionato può sicuramente trovare sulla rete informazioni utili ed interessanti.

Prima hai citato i mass-media; come potrebbero stimolare lo sviluppo della cultura musicale dei giovani, secondo te?

Dedicando degli spazi quotidiani alla musica classica e a quella operistica sia sui giornali che in televisione, magari con dei sottotitoli e con qualcuno che spieghi che cosa succede.
E se si vuole avvicinare il grande pubblico credo che sia necessario un atteggiamento meno divistico da parte di noi cantanti.

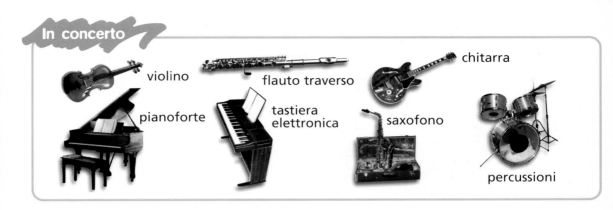

In concerto

violino — flauto traverso — chitarra — pianoforte — tastiera elettronica — saxofono — percussioni

COME FARE PER... ESPRIMERE UN PARERE (3)

Penso Sono convinto Io non credo Mi sembra	CHE	... la musica classica **sia** troppo distante dal gusto del pubblico. ... i mass-media non **parlino** abbastanza della musica classica.

Con un gruppo di studenti della tua scuola, stai facendo un'inchiesta su *"Che cosa pensi della musica?"*. Intervista un tuo compagno e chiedi il suo parere sulla musica classica. Per fagli delle domande, basati su questi appunti:

- musica classica difficile?
- noiosa?
- adatta ai giovani?
- dove si ascolta?
- si insegna a scuola? abbastanza?
- biglietti per i concerti: troppo cari

Anche il tuo compagno, poi, intervisterà te. Confrontate quindi le vostre opinioni e parlatene con il resto della classe.

Esempio: - *Pensi che la musica classica sia difficile?*
        - *Sì, penso che sia più difficile ascoltare la musica classica che, ad esempio, quella rock, però ...*

QL
10, 11,
12, 13

Il guanto musicale: con la mano si controlla un sintetizzatore di suoni. È stato inventato in Italia e usa sensori per la realtà virtuale prodotti in Sud Africa.

■ Musica elettronica
C'è tutta un'orchestra rinchiusa in quel guanto

Basta calzarlo, muovere le dita nel vuoto e lui suona, come se chi lo indossa fosse seduto davanti a una tastiera. È il guanto musicale, creato dai musicisti e ingegneri del "Virtual Audio Project", che ispira anche le due riviste mensili Cybertracks e Soundscapes, in edicola con un Cd di musica elettronica a 24.900 lire ciascuna.

Il guanto musicale, di cui per ora esiste soltanto il prototipo, è basato su una serie di sensori che trasmettono a un calcolatore la posizione della mano nello spazio e tutti i suoi movimenti. A questo punto il computer rielabora i dati e li invia ai sintetizzatori che producono il suono.

Per avere informazioni sulle riviste e sul guanto: tel. 0721/400204 o, su Internet (http://www.mclink/cybertracks).

CERVELLO
La musica scatena i sentimenti

Le emozioni suscitate dalla musica nascono in aree del cervello diverse da quelle coinvolte nell'apprezzamento intellettuale dei brani musicali. Alcuni ricercatori della McGill University di Montreal, in Canada hanno sottoposto a una tomografia a emissione di positroni (Pet), 10 soggetti che ascoltavano musica più o meno dissonante dimostrando l'attivazione di due aree distinte, dette para-limbica e neocorticale, associate a stati emozionali di piacere o dispiacere. Le due zone sono diverse da quelle attivate durante l'analisi razionale, nota per nota, praticata dai musicisti. Nessun cambiamento è stato registrato nelle aree delle emozioni legate al sesso, al cibo e alla paura. Secondo i ricercatori canadesi la musica è lo stimolo ideale per successivi studi nel campo delle emozioni, perché riesce a evocarle spontaneamente, anche in totale assenza di stimoli d'altro genere. (a cura di Giangaleazzo Riario Sforza)

HOBBY
I ragazzi del coro

Ci vuole orecchio. Se la sensibilità è un bene prezioso nelle normali vicissitudini della vita, figuriamoci l'importanza che ha la sensibilità musicale, la giusta intonazione per cantare e suonare. Poche cose sono deprimenti come sentirsi apostrofare: «Taci tu, che sei stonato come una campana». Il canto, che dovrebbe essere espressione di gioia, si trasforma così in una frustrazione.

Ma non è vero che l'orecchio musicale è un dono divino, destinato a qualcuno e negato ad altri. «In realtà, le persone stonate sono pochissime» spiega Giorgio Ubaldi, docente di esercitazioni corali al conservatorio di Cagliari e direttore del coro Orlando di Lasso di Milano. «Il problema sta tutto nella mancanza di educazione musicale; il musicista ungherese Zoltan Kodály sosteneva che il periodo migliore per iniziare a studiare musica è nove mesi prima della nascita. Dalla mamma».

Insomma, non è vero che ci vuole orecchio: ci vuole abitudine. Ma come coltivarla? Per esempio cantando in un coro. Perché fondendo tante voci, comprese quelle non troppo pulite o poco intonate, si può ottenere un risultato incredibilmente bello. Sostiene Ubaldi: «È importante che il coro riesca a costruire una propria sonorità. Ogni cantore contribuisce con la propria voce, e talvolta le persone meno sicure riescono a dare risultati incredibili se affiancate a un corista più esperto, o semplicemente simpatico».

Il repertorio della musica corale è poi vastissimo. Abbraccia un periodo storico di oltre mille anni, e c'è dentro davvero di tutto: canti sacri e profani, folcloristici e montanari, canti di lavoro e trascrizioni dalla musica strumentale, elaborazioni e armonizzazioni. La gran parte dei cori amatoriali accetta senza problemi anche i più "negati". Basta che siano dotati di costanza e pazienza.

Per informazioni: Feniarco (Federazione nazionale italiana delle associazioni regionali corali), via Castellana 44, Mestre (Venezia) tel.041/982850; fax 041/950074.

Graziano Capponago

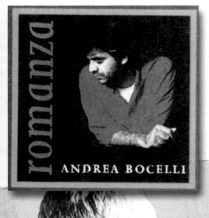

■ Musica

Il segreto del pianista? Sbagliare bene

Come fanno i musicisti a seguire con tanta sicurezza note, mai prima lette, sullo spartito? Per scoprirlo i neurologi dell'università del Sussex (GB) hanno registrato con una telecamera i movimenti degli occhi di pianisti di vario livello. E hanno scoperto che la differenza tra principianti e professioniste non è nel tempo di lettura delle note, più o meno uguale (un secondo per leggere e battere ogni nota).

Tanti errori. È nella strategia di lettura e nella reazione agli errori. I principanti, a ogni sbaglio, tornano indietro con lo sguardo e vanno fuori tempo. I professionisti, anche se fanno errori (e ne fanno), vanno avanti. E seguono meno fedelmente lo spartito.

In color seppia, il percorso degli occhi su uno spartito musicale. In caso di errori sguardo dei principianti torna a volte indietro (linea tratteggiata nel disegno in alto).

"I cigni cantano prima di morire. Certe persone farebbero bene a morire prima di cantare"
Samuel Coleridge

■ Musica

Voi stonate e il software rimedia

Music Maker è un programma che permette a chiunque di comporre brani musicali complessi e di buona qualità, anche senza conoscere la teoria musicale.

Fa tutto lui. Il trucco consiste nell'avere a disposizione migliaia di brevi frasi e giri musicali per ciascuno strumento, da mettere in sequenza sopra una griglia che rappresenta otto tracce stereo. Il computer armonizza, e corregge eventuali errori. Una decina di Cd-rom aggiuntivi dedicati ai diversi generi aumenta le possibilità creative (Magix per Pc, 99 mila lire, 39 mila i moduli aggiuntivi).

Il nostro ambiente

unità 3

tre

unità 3
Il nostro ambiente

PULIAMO LA CITTÀ

IN QUESTA SEZIONE IMPARERAI A:

- ESPRIMERE INDIGNAZIONE E PROTESTA
- ESPRIMERE DISPIACERE E RAMMARICO
- ESPRIMERE IL GRADO DI CERTEZZA
- FARE SUPPOSIZIONI

Leggi il titolo e il sottotitolo del seguente articolo di giornale. Di che cosa parlerà secondo te? Discutine con un compagno.

Domenica la manifestazione di Legambiente

La carica dei 350 mila di "Puliamo il mondo"

Tra i premi, abbonamenti allo stadio per le raccolte record

MILANO –

L'abbonamento allo stadio si potrà "comprare" con un sacco di rifiuti.

L'appuntamento è per domenica, quando trecentocinquantamila italiani di ogni età e ceto sociale si ritroveranno per partecipare tutti insieme alla pulizia delle loro città, in occasione della giornata mondiale ambientalista di "Puliamo il Mondo".

La versione italiana di "Clean up the world", manifestazione nata in Australia nel 1989 sotto l'egida dell'ONU ed estesa a 120 Paesi del mondo, è organizzata dall'Associazione nazionale ambientalista Legambiente, che in soli cinque anni è riuscita a coinvolgere 1300 Comuni, dal Friuli alla Calabria. L'iniziativa è suggestiva: al Colosseo oltre cinquanta diplomatici dei cinque continenti, capitanati dall'ambasciatore di Sydney, Rory Steel, affiancheranno le migliaia di volontari romani e, armati di guanti, cappellino e sacco di juta, ripuliranno le strade e le scalinate del Circeo. Nello stesso momento migliaia di persone si rimboccheranno le maniche negli Stati Uniti, in Israele, Togo, Zimbabwe, Francia, Filippine per rendere il pianeta più vivibile.

"Di anno in anno sono sempre più numerosi i giovani tra i partecipanti", spiegano a Legambiente, "e proprio a loro sono dedicate molte delle iniziative collegate alla manifestazione." Così in Polonia sono stati organizzati diversi concerti all'aria aperta a cui si può partecipare presentando 5 chili di carta, 50 bottiglie di plastica o lattine e 10 contenitori di vetro al posto del normale biglietto.

Anche l'Italia non ha voluto essere da meno: domenica prossima, chi avrà raccolto il maggior numero di bottiglie di plastica e di lattine a Milano, Torino, Bologna, Genova, Firenze, Reggio Emilia, Roma e Bari verrà premiato con un abbonamento annuale allo stadio. Ma non solo. Abbonamenti a giornali e quotidiani sono previsti per coloro che avranno consegnato più carta, mentre parti elettriche o componenti elettronici daranno diritto ad un abbonamento annuale a Internet.

E sempre dedicato ai navigatori della Rete è il sito www.legambiente.org, che, oltre a raccogliere nuove adesioni per la manifestazione di domenica, fornisce l'elenco dei comuni e delle associazioni che hanno preso parte alla manifestazione. Chi invece preferisce il telefono, potrà richiedere informazioni sulla giornata dedicata a "Puliamo il mondo" alla sede nazionale di Legambiente (02/70600446).

Mario, Carlo e Andrea discutono se andare o no alla manifestazione di domenica. Dove vuole andare a raccogliere i rifiuti Carlo? Perché?

► QL
4, 5

COME FARE PER... **ESPRIMERE INDIGNAZIONE E PROTESTA**

Guarda, **è scandaloso!**
È veramente una vergogna che il sabato pomeriggio il campo sia così sporco!
È inaccettabile che la gente se ne freghi così.
È una schifezza.
Scusa, ma **è assurdo.**
Non è giusto che si vada avanti così! **È un'ingiustizia!**

► SG
1, 2

ATTIVITÀ

Il tuo compagno ti comunica una serie di notizie, contro le quali devi protestare. Usa almeno tre delle espressioni appena viste. Scambiatevi i ruoli a metà esercizio.

Esempio: - Hai sentito che quest'anno chiudono le piscine ad agosto perché non c'è abbastanza personale?
- Davvero? Ma è una vergogna! Non è giusto, così chi resta in città non può neanche andare a nuotare!

① PISCINE PUBBLICHE CHIUSE AD AGOSTO PER MANCANZA DI PERSONALE

② SOS NATURA: CRESCE IL NUMERO DELLE SPECIE IN PERICOLO

③ NUOVO DISASTRO ECOLOGICO IN MARE: MUOIONO 40 DELFINI

④ UCCISO FIGLIO DODICENNE DI UN DETENUTO. VENDETTA?

⑤ ANCORA IN AUMENTO IL NUMERO DEI CANI ABBANDONATI D'ESTATE

⑥ QUATTRO MINORENNI ARRESTATI A MILANO CON 20 CHILI DI EROINA

QL
6, 7, 8

Per protestare, puoi usare questi argomenti, o altri di tua scelta.

a. La chiusura delle piscine ad agosto penalizza chi deve restare in città.
b. Molta gente non capisce l'importanza di salvaguardare la natura.
c. Ci sono sempre meno delfini, rischiano di diventare una specie in estinzione.
d. Anche i bambini sono a volte vittime della violenza.
e. In estate molta gente per poter andare in vacanza abbandona il proprio cane.
f. Sempre più minorenni sono schiavi della droga.

a.

Egregio signor Sindaco,

Siamo un gruppo di allievi del liceo scientifico "Giovanni Bellini" di Catania e Le scriviamo per denunciare il vergognoso stato di degrado in cui da più di un anno si trova il grande giardino che c'è di fronte alla nostra scuola.
Si tratta di un giardino di aranci in cui spesso noi studenti ci ritroviamo durante l'intervallo o anche nel pomeriggio per fare due chiacchiere e riposarci, o magari per leggere o ripassare le lezioni e intanto prendere una boccata di aria pura.
All'inizio dello scorso anno la responsabilità della pulizia di questo giardino è diventata del Comune e non più della scuola. Il risultato è stato che i rifiuti si raccolgono una volta alla settimana invece che ogni giorno, in quanto sembra che non ci sia abbastanza personale. Le lasciamo quindi immaginare le condizioni attuali del giardino, visto che purtroppo è frequentato anche di sera e di notte essendo accessibile dalla strada.
È un vero peccato che questo angolo verde sia diventato una specie di deposito rifiuti e troviamo veramente scandaloso che nessuno faccia niente per migliorare la situazione. E pensare che eravamo così orgogliosi del nostro giardino! Ora ci dispiace così tanto vederlo in queste condizioni. Per questo facciamo appello al suo rispetto per la natura e per la nostra bella città e le chiediamo di intervenire urgentemente.
Speriamo che Lei voglia prendere in considerazione la nostra richiesta e, ringraziandoLa fin d'ora per il Suo aiuto, attendiamo una Sua risposta il più presto possibile.

Con i migliori saluti,

Gli allievi della III A
Liceo Scientifico "G. Bellini" di Catania

b.

► **SG**
3, 4
► **QL**
9, 10

b¹

POSTA i lettori ci scrivono

Questa pagina è riservata alle lettere che scegliamo tra quelle che voi lettori ci inviate

Un bosco da salvare

Non ho mai scritto ad un giornale prima d'ora, ma oggi lo faccio perché spero che serva ad attirare l'attenzione dei lettori e delle autorità su un problema che mi sta molto a cuore.
Si parla tanto dei disastri ambientali nel Paese e nel mondo, ma poi non si fa nulla per risolvere i piccoli problemi pratici vicini a noi. Intanto sono passati ormai due anni da quando avevano promesso di ripulire il bosco nella zona vicino al fiume Sarno e invece non è ancora successo nulla, e quella zona continua ad essere praticamente una discarica abusiva. Gli alberi muoiono e al loro posto crescono mucchi di spazzatura di ogni tipo. Mi dispiace terribilmente che tutti accettino la cosa come un dato di fatto e quando ci penso mi viene una grande malinconia. E pensare che basterebbe così poco! Ecologia, ambiente, quante volte ne parliamo ogni giorno come "il" problema del duemila?
E non ci accorgiamo che il nostro problema è lì a due passi, dietro casa nostra, e che per risolverlo basterebbe un po' di buona volontà invece di tanti discorsi!
Sarno (SA),

MARISA ESPOSITO

COME FARE PER... ESPRIMERE DISPIACERE E RAMMARICO

È un vero peccato	che il giardino sia così sporco e che nessuno faccia niente.
Ci dispiace molto	
Peccato / mi spiace	che non vieni anche tu!

ATTIVITÀ

Il tuo compagno ti dice che cosa è successo, scegliendo una frase della colonna A.
Tu gli esprimi il tuo dispiacere, commentando con una motivazione scelta fra quelle della colonna B.

Esempio: - Sai che sono finite le svendite da Tuttosport?
- Mi dispiace/ Peccato/ È proprio un peccato che siano finite, perché mi volevo comprare gli sci nuovi.

QL
11, 12

C

QL
13, 14

C¹

A

1. Sono finite le svendite da Tuttosport.
2. I biglietti per il concerto costano 50 euro.
3. Il Vicenza ha perso contro la Juve.
4. Paolo ha prestato la videocamera a Michele.
5. Lia ha buttato via tutti i giornali vecchi.
6. Cristina festeggia il suo compleanno sabato sera.

B

1. Chiedere a Paolo la sua videocamera in prestito.
2. Leggere la Gazzetta Sportiva della settimana scorsa.
3. Comprare gli sci nuovi.
4. Sabato sera c'è la finale di basket.
5. Andare in serie B.
6. Spendere 40 euro al massimo.

Ascolta il breve dialogo fra Sandra e Roberta.
Da cosa è preceduto?

- Da un pezzo del telegiornale
- Da una discussione fra due amici di Sandra e Roberta
- Da un servizio radiofonico

COME FARE PER... **ESPRIMERE IL GRADO DI CERTEZZA**

(Quasi) sicuramente **Di sicuro** **Sono certo che**	la manifestazione ha influenzato l'opinione pubblica.
(Molto) probabilmente **Forse**	presto la situazione migliorerà.
Mi sa che **Vedrai che**	come al solito si parla tanto, ma poi in pratica non si farà nulla.

Poi fai a lui le stesse domande.

Esempio: - Che cosa fai domenica prossima?
- Mi sa che resto a casa. / Molto probabilmente vado da mia
nonna.

1. Che cosa fai domenica prossima?
2. Pensi che la raccolta differenziata dei rifiuti sarà presto possibile in tutte le città?
3. Che cosa dicono le previsioni del tempo per il fine settimana?
4. Secondo te chi vince il campionato di serie A quest'anno?
5. Pensi che in tutte le scuole si insegnerà ad usare Internet?
6. Credi che saremo tutti promossi quest'anno?
7. Secondo te i giovani oggi partecipano alle iniziative per la salvaguardia dell'ambiente?

COME FARE PER... **FARE SUPPOSIZIONI**

▶ **SG**
5, 6

Dove sono i contenitori per gli indumenti?	**Saranno** di fianco alla fermata dell'autobus.
Perché Andrea non è venuto?	**Non starà** bene.
Quanti film ha girato Brad Pitt?	Ne **avrà girati** più o meno una decina.
Quanti libri di Silone hai?	Ne **avrò** circa una decina, credo.

Fai queste domande riguardanti l'Italia a un compagno. Lui non è sicuro della risposta e fa delle supposizioni.
Poi lui farà le stesse domande a te.
Chi ha indovinato il maggior numero di risposte?

Esempio: - Quanti abitanti ha Roma, secondo te?
- Mah, ne avrà più o meno tre milioni...

1. Quanti abitanti ha Roma?
2. Qual è la regione più grande?
3. Qual è la montagna più alta?
4. Qual è il fiume più lungo?
5. Chi ha dipinto la Cappella Sistina a Roma?
6. In che giorno si festeggia la Festa della Repubblica?
7. Chi ha scritto l'inno nazionale?

Se ora volete sapere le risposte giuste, leggete qui sotto!

QL 15

1 circa 3 milioni
2 la Sicilia
3 il Monte Bianco
4 il Po
5 Michelangelo
6 Il 2 giugno
7 Goffredo Mameli

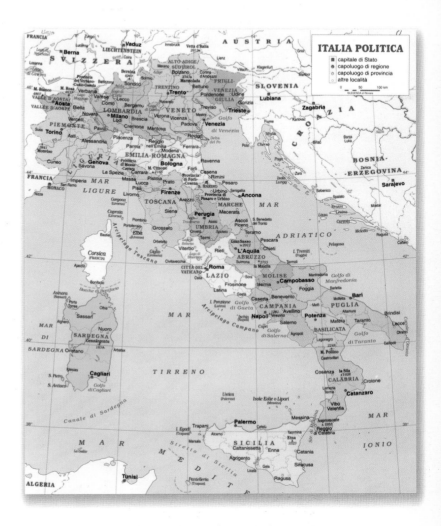

ITALIA POLITICA

■ capitale di Stato
● capoluogo di regione
● capoluogo di provincia
○ altre località

Che afa fa nelle città!
Boccheggiano persino i pesci!

I METEOROLOGI SONO D'ACCORDO: CHI CI CAPISCE È BRAVO!

Il clima è impazzito

Tuoni e fulmini su tutta la Penisola
Piogge torrenziali: si va in barca per le strade

Che fine hanno fatto le stagioni?
Il tempo non è più quello di una volta

MEGLIO UN BUCO NEL FORMAGGIO, CHE UN BUCO NELL'OZONO!!!

UMANI! BASTA SCHIFEZZE NELL'ARIA!!

E POI DICONO MALE DI NOI

20

I 10 paesi con la più alta percentuale di mammiferi minacciati*

Nazione	N. totale mammiferi	% mammiferi minacciati
Madagascar	105	44
Filippine	153	32
Indonesia	436	29
Papua N. Guinea	214	27
India	316	24
Australia	252	23
Cina	394	19
Brasile	394	18
Vietnam	213	18
Malesia	286	15

*I paesi più piccoli con meno di 100 specie di mammiferi non sono stati inclusi in questo studio. I successivi 10 paesi sono: Messico, Etiopia, Perù, Tailandia, Sudafrica, Kenya, Colombia, Tanzania, Repubblica Democratica del Congo e Stati uniti.

Stato di conservazione dei mammiferi, 1996

Stato di conservazione	N. totale	%
Numero totale di specie esaminate	4.355	—
Minacciate		
Seriamente minacciate	598	14
A rischio di estinzione	612	14
In immediato rischio di estinzione	484	11

VIVERE I PARCHI

È la campagna nazionale promossa in collaborazione con Ultragas S.p.A. e WTS S.p.A. per sensibilizzare le istituzioni e l'opinione pubblica sul ruolo dei servizi territoriali nello sviluppo sostenibile delle aree naturali protette. La campagna durerà 2 anni e si svolgerà con incontri nelle diverse aree protette italiane, accompagnati da una mostra itinerante.

PULIAMO IL MONDO

Clean Up the World, ovvero la più grande iniziativa al mondo di volontariato ambientale che ha coinvolto nel corso dell'ultima edizione ben 120 Paesi in tutto il mondo. Legambiente è riuscita a coinvolgere circa 500.000 persone in ben 1.500 comuni ripulendo parchi, giardini, sponde di fiumi, aree verdi abbandonate. Molti sono gli appuntamenti nelle aree protette.

VENERDÌ **19** MARZO **1999**

Crona

34 ■ la Repubblica

L'allarme per l'inquinamento e il mutamento del clima trasformano la festa del 21 marzo. Tutte le associazioni ecologiste mobilitate

EFFETTO SMOG

AUTO

AMBIENTE

IL COSTO ENERGETICO PER LA PRODUZIONE DI UN'AUTO

BENZINA
1.500 LITRI
10.000 LITRI

IL CONSUMO MEDIO DI UN'AUTO PRIMA DELLA ROTTAMAZIONE

75 MILA KM: TUTTE LE AUTO ITALIANE IN FILA, QUASI 2 VOLTE LA CIRCONFERENZA DELLA TERRA

10%: IL TERRITORIO EUROPEO SEGNATO DALLE PIOGGE ACIDE CHE COLPISCONO GLI ALBERI

150 MILA ETTARI DI CAMPAGNA VENGONO COPERTI DALL'URBANIZZAZIONE

AUMENTO DEGLI UCCELLI IN CITTÀ

2,1 ABITANTI PER AUTO: LA MEDIA EUROPEA

1,8 ABITANTI PER AUTO: LA DENSITÀ ITALIANA

3 AUTO OGNI 4 ABITANTI

IL RECORD DI AOSTA DOVE IL CARBURANTE COSTA MENO

È LA PIÙ ALTA IN EUROPA DOPO IL LUSSEMBURGO

54%: GLI ITALIANI CHE VORREBBERO RIDURRE LE AUTO

IN EUROPA SU OGNI CHILOMETRO DI STRADA EXTRAURBANA VENGONO UCCISI: 12 MAMMIFERI, 14 UCCELLI, 1 RETTILE E 30 ANFIBI

"Non rubateci la primavera"
Anche i bambini in piazza per il verde e contro lo smog

di ANTONIO CIANCIULLO

ROMA — Molte manifestazioni
...e pochi picnic. La pri...
...cippata a tradi...
...di gelo il cie...
...h che mai
...l 21

una ogni due persone. In totale
trenta milioni di auto: messe in fila farebbero quasi due volte il giro
dell'equatore. Una quantità che
toglie qualità agli spostamenti
tanto da aver convinto, secondo
una ricerca Aci- Censis, il 54 per
cento degli italiani che sarebbe
meglio ridurre il parco auto.

Così la Legambiente ha deciso
...sferrare un'offensiva a tutto
...po contro il predominio
...macchine che è causa di
...a parte dei problemi. Ol-
...primo corteo nazionale
...bambini antismog, do-
...dopodomani in
...omuni si svolge-
... feste della ma-
...one. Cento
...giocare e
...mila vie

Legambiente chiude al traffico 2000 strade, un corteo under 14

APPUNTAMENTI

LE CURIOSITÀ

Stagioni capovolte ogni 11 mila anni

Per un processo fisico (la precessione degli equinozi) ogni 11 mila anni le stagioni si invertono, ma gli aggiustamenti del calendario rendono invisibile il fenomeno.

Mare in crescita come un bambino

Il riscaldamento globale porterà a un aumento di 0,3 gradi per decade. I mari cresceranno di 20 centimetri al 2.030, di 65 al 2.100 (la minaccia riguarda il benessere di 300 milioni di persone)

Pesticidi killer e nidi distrutti

Negli ultimi 20 anni il calo delle rondini è arrivato al 40 per cento. Le cause: pesticidi e distruzione dei nidi. Per salvarle sono state raccolte e presentate al Parlamento europeo 130 mila firme

Tabella Italia

Numero di specie presenti e di specie minacciate (per gruppi)

Gruppo	n. specie presenti in Italia	n. specie minacciate secondo la lista rossa
Mammiferi	110	69
Uccelli (solo nidificanti)	261	170
Rettili	49	34
Anfibi	37	28
Pesci	48	42

SCHEDA ITALIA

Fra i mammiferi diverse specie di foca sono a rischio. Nel Mediterraneo è particolarmente drammatica la situazione della Foca monaca

ANIMALI A RISCHIO

SCHEDA ITALIA MAMMIFERI

L'analisi della Lista rossa dei mammiferi minacciati in Italia realizzata dal Wwf mette in evidenza alcuni fatti decisamente poco noti al grande pubblico.

Un esempio è la situazione dei pipistrelli. Praticamente tutte le specie presenti in Italia sono minacciate in modo più o meno grave, ben 30. Altre specie, che si immaginano comuni, sono in realtà minacciate in modo critico. Due esempi sono la lepre europea italiana e la lepre appenninica, specie questa presente solo in Italia centro meridionale e Sicilia. Per entrambe le specie l'introduzione di lepri europee a scopo venatorio, diverse e distinte dalle nostre, ha provocato un forte inquinamento genetico e una gravissima diminuzione.

Tra i mammiferi, accanto a specie la cui rarità è ben nota, come l'orso bruno delle Alpi, ridotto a pochissimi esemplari, la lontra, la foca monaca o il cervo sardo, si trovano diversi casi meno noti. Lo scoiattolo appenninico, presente nella penisola con varie sottospecie, è considerato vulnerabile, assieme, tra l'altro, alla crocidura di Pantelleria e a quella delle Egadi.

In pericolo sono il capriolo italiano, limitato, nella sua forma più pura, alle foreste del Gargano e di un paio di aree tirreniche, la capra selvatica di Montecristo, il coniglio selvatico mediterraneo.

In totale sono censite nella Lista rossa 69 specie di mammiferi, di cui 30 pipistrelli e 8 cetacei. Nella metà dei casi, secondo il Wwf, le azioni individuate per la loro tutela sono legate alla tutela degli habitat, mentre per 14 specie è la creazione di una rete di aree protette che potrebbe garantirne il futuro. Sono inoltre necessarie campagne di sensibilizzazione per dieci specie, mentre caccia e bracconaggio minacciano almeno otto specie.

LE CAMPAGNE NELLE AREE PROTETTE

GOLETTA VERDE

È la più nota fra le campagne di Legambiente, la più grande iniziativa al mondo di monitoraggio e informazione sulle acque di balneazione organizzata da una associazione ambientalista. A partire dal 1986, Goletta Verde non si occupa solo dei problemi della balneazione; dal 1992 la popolarità e il nome di Goletta Verde sono stati utilizzati per promuovere l'istituzione di nuove aree protette marine ed informare correttamente sulle opportunità legate alla loro gestione.

SPIAGGE PULITE

Decine di migliaia di volontari ogni anno si danno appuntamento l'ultima domenica di maggio in circa 200 spiagge italiane per ripulire dai rifiuti chilometri e chilometri di litorale, in una delle più grandi iniziative di volontariato ambientale del nostro paese. Buona parte degli appuntamenti sono organizzati all'interno di aree protette. Oltre agli appuntamenti sulle spiagge, sono state organizzate circa cinquanta iniziative di pulizia dei fondali in collaborazione con Lega Sub.

SALVALARTE

È la campagna sui beni culturali di Legambiente e mira a fotografare la situazione del nostro patrimonio artistico monumentale e ad informare sulle opportunità economiche ed occupazionali legate ad una sua corretta gestione.
La campagna, realizzata in collaborazione con le Soprintendenze e con il patrocinio del Ministero dei Beni Culturali e Ambientali, ha messo sotto esame oltre cento monumenti, molti dei quali situati all'interno di aree protette.

PIANETA SERRA

Utilizzate impianti di riscaldamento ad alta efficienza con combustibili puliti e dotate la casa di doppi vetri.

Tenete il termostato entro i 18 gradi: risparmierete al pianeta il 20% di emissioni di CO2.

Evitate acquisti inutili e praticate la raccolta differenziata dei rifiuti.

State attenti ai consumi d'acqua e non tenete lo scaldabagno elettrico sempre attaccato.

Spegnete le luci superflue ed utilizzate lampadine ad alta efficienza.

In città spostatevi a piedi, in bici o con i mezzi pubblici.

Quando fate la spesa scegliete prodotti privi di CFC.

Il nostro Pianeta si sta surriscaldando perché una coltre sempre più densa di gas serra da noi prodotti, primo fra tutti l'anidride carbonica, "intrappola" il calore solare nell'atmosfera. Gli effetti di questo fenomeno sono già in atto, e nei prossimi decenni potrebbero avere risvolti ancora più gravi per gli attuali equilibri. E' necessario,

quindi, intervenire subito riducendo le emissioni di anidride carbonica. Bastano pochi, semplici gesti quotidiani per regalare al pianeta, e a noi stessi, una vita migliore. Per informazioni chiamate lo 06-844971 oppure scrivete al seguente indirizzo: WWF - Via Garigliano, 57 00198 Roma (c.c. postale 323006).

WWF
CAMPAGNA PER UN
FUTURO SOSTENIBILE

LET'S LEAVE OUR CHILDREN A LIVING PLANET

QL
Incontri

sezione 2   UNA GITA IN MONTAGNA

IN QUESTA SEZIONE IMPARERAI A:

- CHIEDERE E DARE SPIEGAZIONI E CHIARIMENTI
- METTERE FRETTA
- ESPRIMERE SPERANZA
- INFORMARTI SU TRENI E VOLI

**Stai per ascoltare un'intervista radiofonica ad una guida alpina.
Leggi prima la trascrizione dell'introduzione
all'intervista fatta dal presentatore:**

*"Sono passati ormai più di due secoli da quando i primi
pionieri hanno aperto con fatica le vie che portano alle
vette d'alta quota. Andare in montagna oggi è diventato
quasi un fenomeno di massa e, rispetto ad allora, sembra
di essere in autostrada. Come in autostrada ci sono le
code, i sorpassi azzardati e alcuni rifugi che rovinano il
paesaggio peggio degli autogrill ... L'alpinismo di massa
ha rotto gli incanti della montagna, ha portato oltre i
tremila metri gli aspetti peggiori del consumismo.*

*Abbiamo oggi con noi in studio una guida alpina del CAI,
David Brenzler [...]"*

Credi che l'intervista parlerà di .....

... traffico nelle autostrade?
... rispetto dell'ambiente in montagna?
... turismo di massa in montagna?
... abbigliamento per la montagna?

**QL
1, 2, 3**

Ora ascolta l'intervista e controlla se le tue aspettative erano esatte.

COME FARE PER... **CHIEDERE E DARE SPIEGAZIONI E CHIARIMENTI**

Quando sei sopra i 4000 il corpo non ti basta più per capire quello che vedi.	**Ci puoi spiegare meglio** quello che vuoi dire?	**Voglio dire che** è anche una ricerca interiore.
È cambiato l'atteggiamento degli alpinisti verso la montagna.	**In che senso** è cambiato?	**Nel senso che** oggi tutti cercano il successo.
Bisogna rispettare i valori della montagna, impedire l'accesso a chiunque e salvare l'ecologia.	**Fammi capire: vorresti dire che** la montagna non deve essere accessibile a tutti?	**Quello che intendo dire è che** non si deve andare oltre le proprie possibilità.
In altre parole, dobbiamo lasciare la montagna come l'abbiamo trovata.	**Come sarebbe a dire?**	**Sarebbe a dire che** non dobbiamo sporcarla.

SG 1

ATTIVITÀ 1

Le frasi del gruppo A sono tratte dall'articolo "Un'aula, un parco", a pag. 84 nella sezione Incontri.
Tu leggi una di queste frasi al tuo compagno. Lui ti chiede un chiarimento.
Tu gli dai una spiegazione scegliendola dal gruppo B o inventandola tu.
Scambiatevi i ruoli a metà esercizio.

Esempio: In questo articolo si dice che il Parco è una meravigliosa aula verde.
*   - Come sarebbe a dire? / - In che senso, scusa?*
*   - Nel senso che il Parco è un'occasione per insegnare qualcosa a tutti.*

1. Il Parco è una meravigliosa aula verde.
2. Il Parco è un esempio di buona gestione del territorio.
3. Questa gestione può e deve essere esportata altrove.
4. Il Parco è una lezione per tutti.
5. È una scuola di convivenza.
6. È una scuola di democrazia.

a. In un Parco si impara a convivere con gli altri abitanti del nostro pianeta, rispettando anche le loro necessità.
b. Tutti possiamo imparare qualcosa in un Parco.
c. Il Parco è un'occasione per insegnare qualcosa a tutti.
d. In un Parco vediamo come si deve gestire e mantenere l'equilibrio naturale di un ambiente.
e. Nel Parco impariamo che l'uomo non è il padrone assoluto di questo pianeta.
f. Il rispetto per l'ambiente non si deve esaurire nel Parco ma estendersi anche ad altre aree.

ATTIVITÀ 2

Ora dai le notizie seguenti al tuo compagno. Lui non capisce e ti chiede di spiegarti meglio. Tu le ripeti, cercando di usare altre parole. A metà esercizio scambiatevi i ruoli.

Esempio: L'estate del '99 è stata una delle più calde degli ultimi 120 anni, e questa
*   è una prova che il pianeta si sta surriscaldando.*
*   - Come sarebbe a dire, scusa?*
*   - Sarebbe a dire che l'aumento delle temperature è una conseguenza*
*   dell'inquinamento!*

L'estate 1999 è stata una delle estati più calde negli ultimi 120 anni; questo conferma il surriscaldamento del pianeta.

I motorini in città ci stanno uccidendo.

Presto nelle case il computer prenderà il posto anche del telefono.

Fare acquisti nel periodo dei saldi a volte è pericoloso.

Se sei studente in Italia non è facile trovare un appartamento.

Eccoti uno stralcio della brochure informativa preparata dall'Associazione Torino 2006 per i Giochi Olimpici invernali.

Nel 1998 ai Giochi Olimpici Invernali di Nagano, in Giappone, all'inaugurazione la televisione inquadrava 3000 atleti di 83 nazioni. È probabile che nel 2006 atleti e nazioni cresceranno ancora. I giochi di Nagano sono stati visti da due miliardi di spettatori nel mondo: un pubblico enorme.

Per catturare questa grande opportunità, affascinando il mondo, le Valli di Susa e del Pinerolese si sono alleate con Torino. Ma la sfida riguarda tutto il nord-ovest italiano. Torino 2006 offre tecnica, clima emotivo, collegamenti ed un concetto di Giochi Invernali innovativo ed inconsueto.

Torino 2006 offre infatti quasi 600 chilometri di piste ed un sistema ghiaccio che si intersecano con un grande patrimonio di storia, arte, cultura e ambiente. Con i 900 cannoni sparaneve di Sestrière, il comprensorio può inoltre contare sul più grande impianto di innevamento artificiale del mondo.

Un meraviglioso progetto, ma anche un'occasione, una rivincita della montagna che può assumere il ruolo di protagonista e non solo per i giorni dell'Olimpiade. Un investimento per il futuro di tutto il nord-ovest italiano. Una gara che si può vincere lavorando insieme, perché la nostra terra sia il palcoscenico di un evento mondiale, del quale tutti, ognuno per la propria parte, potranno essere attori.

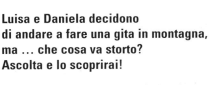

Luisa e Daniela decidono di andare a fare una gita in montagna, ma … che cosa va storto? Ascolta e lo scoprirai!

ATTIVITÀ

QL ₉

b²

SG
2, 3

COME FARE PER... **METTERE FRETTA**

Su, sbrigati, che perdiamo il treno!
Forza, di qua, aspetta che guardo il binario.
Muoviamoci!
Dài, sbrighiamoci.

Con un compagno: guardate i disegni, ascoltate i cinque minidialoghi e decidete a quali situazioni si riferiscono.

a.

b.

c.

d.

e.

COME FARE PER... **ESPRIMERE SPERANZA**

Speriamo che il treno non sia ancora partito!
Spero che Roberta al ritorno ci dia un passaggio.

Speriamo di arrivare in tempo!
- Ce la facciamo?   - **Speriamo di sì!**
- È già partito il treno?   - **Speriamo di no!**

Magari ce la facciamo ancora!
- Dici che Roberta ci darà un passaggio?   - **Magari!**

TIVITÀ

Fai ad un compagno le seguenti domande. Lui ti risponde dicendoti quello che spera che succeda. Scambiatevi i ruoli a metà esercizio.

Esempio: - Sai se il treno è già partito?
- Io spero che non sia ancora partito. / Io spero di no.

1. Che tempo pensi che farà domenica prossima?
2. Pensi che un giorno andrai a fare il giro del mondo?
3. Ti viene a prendere tuo padre alla stazione?
4. Credi che costruiscano nuovi impianti sciistici sulle Alpi?
5. Sai se il treno è già partito?
6. Hai studiato abbastanza per l'esame?
7. Vai in Italia la prossima estate?
8. Fra un po' saprai parlare l'italiano perfettamente?
9. I tuoi genitori ti regalano un computer?

QL 10

C

Ascolterai ora una serie di annunci.
Dove ci troviamo?
All'aereoporto o alla stazione ferroviaria?

In treno...

iR Treno interregionale
IC Treno intercity
E Treno espresso
D Diretto
R Regionale

🚲 Treno con servizio di trasporto biciclette
🛏 Treno con cuccette di seconda classe
R Prenotazione facoltativa a pagamento
🍷 Treno con servizio di ristoro o minibar

...e in aereo

Uscita

Imbarco

Volo

Carta di imbarco

▶ QL
11, 12,
13

C¹

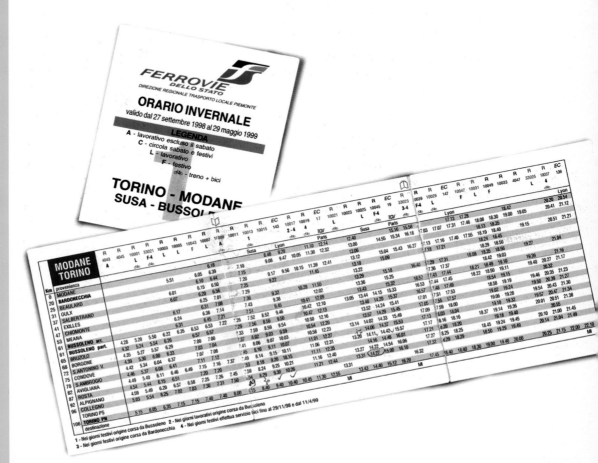

▶ QL
14, 15

C²

E per finire… scopri che tipo di viaggiatore sei!
Rispondi alle domande e poi gira il libro per sapere se sei un viaggiatore "in pantofole" o "avventuroso".
Chi nella tua classe ha dato le tue stesse risposte?

CHE VIAGGIATORE SEI?

IMMAGINA
QUESTE SITUAZIONI
DI VIAGGIO
E RISPONDI
"SINCERAMENTE"

- Devi fare un lungo viaggio in treno. Pensi subito:
A. Ai panini
B. A dei giornaletti per non annoiarti
C. A quante cose potrai vedere dal finestrino

- Sono aperte le prenotazioni per un viaggio sulla Luna
A. Non ci pensi neppure
B. Preferisci aspettare che i viaggi siano ben collaudati
C. Ti prenoti subito

- Hai la possibilità di fare un viaggio di un intero mese. Progetti:
A. Una vacanza in una isola tropicale
B. Una crociera intorno al mondo
C. Un lungo trekking a piedi in zone naturali

- Farai un viaggio in un paese esotico.
Cosa ti porti:
A. Un pronto soccorso
B. Una Guida agli alberghi e ristoranti
C. Un dizionario per comunicare con la gente
del posto

- Scegli una lettura per il tuo viaggio:
A. Il libro che devi leggere per scuola
B. I resoconti di precedenti viaggiatori nella
zona
C. Una guida naturalistica della zona

- Puoi scegliere liberamente i compagni di
viaggio. Inviti:
A. I tuoi genitori
B. I compagni di scuola
C. Gli Amici di penna conosciuti tramite e-mail

- Devi preparare il tuo bagaglio:
A. Lo fai fare alla mamma
B. Lo fai assieme alla mamma
C. Lo fai da te

- Cosa mangi nel paese straniero?
A. Ti porti dei viveri da casa
B. Cerchi solo cibi "conosciuti"
C. Assaggi tutti i cibi locali

Soluzione: Maggioranza di A: Sei un tipo molto, molto prudente. Ma un rischio lo corri ugualmente: quello di perdere parte del divertimento. **Maggioranza di B:** L'avventura non ti dispiace, ma che non sia troppo "avventurosa". Ma anche tu ricorda: qualche imprevisto dà sapore al viaggio. **Maggioranza di C:** Decisamente l'avventura e le situazioni sconosciute ti attirano. Bene, ma attenzione a distinguere tra "avventure" e "guai".

23

di SARA
RICOTTA
foto di A.GOGNA
e M. MILANI

Messner: ora salviamo le Alpi

IL RE DEGLI «OTTOMILA»

Reinhold Messner è stato il primo uomo a scalare tutte e 14 le cime che oltrepassano gli 8000 metri. Impresa compiuta tra il 1970 e il 1986. Tra i suoi record c'è anche la scalata in solitaria dell'Everest senza ossigeno.

Lui, naturalmente, è Reinhold Messner, uomo delle nevi egli stesso, ma molto meno di quanto possano far pensare una mai celata diffidenza verso i suoi simili e la fama di solitario per eccellenza, il primo solitario sulla vetta dell'Everest senza ossigeno. In realtà, l'alpinista vivente più famoso del mondo è oggi un grande comunicatore e un uomo impegnato: con una predilezione, anche in questa nuova veste, per le imprese impossibili. Basti citare l'ultima: salvare le Alpi. Salvarle dal degrado, dall'abbandono, ma soprattutto dal turismo di massa e dall'aggressione violenta di coloro che ne vorrebbero fare una gigantesca Disneyland per bambinoni di tutta Europa. Ma sulle Alpi, diversamente che a Disneyland, c'è poco da scherzare: lo provano le cronache e Messner lo sostiene da tempo. Forse, oggi più che mai, vale la pena ascoltarlo.

Messner, dopo aver scalato tutto lo scalabile, ci viene a dire che vorrebbe istituire il "numero chiuso" sulle sue Alpi?

"Le Alpi non sono mie; sono soprattutto delle generazioni future. Per questo non mi sento in colpa quando mi accusano di sostenere la causa di un turismo elitario. Semplicemente non conosco altro modo di salvare le nostre montagne."

Ma perché teme i turisti più dello Yeti? E non le fa piacere tanta voglia di avventura?

"Ma no, perché questa è tutto il contrario dell'avventura, è antiavventura. Vogliono il passaggio difficile, le soste preparate, il tutto in assoluta sicurezza. La Svizzera ha deciso di accontentarli per convenienza economica e ha trasformato le sue Alpi in una Disneyland in cui si arriva alle cime in mountain bike. Un altro Paese citato sempre a esempio è il Canada, regno dell'eliski, che ora si vorrebbe portare anche sulle Alpi con una legge apposita. Ma il Canada è cinque volte l'Europa, mentre le nostre Alpi sono strette e piccole. Va bene quindi farci venire migliaia di persone, ma con una premessa chiara: vuoi vedere la Val Veny? A piedi! Il Bianco? Bisogna salirlo, ma non in funivia.

Ma le Alpi come le vorrebbe Messner, che cosa offrono che valga il sacrificio di rifugi più comodi, divertenti eliski, panorami mozzafiato a portata di funivia?

"Offrirebbero il vero lusso del futuro: silenzio e grandi spazi innanzitutto, valori che può capire chi vive nelle città, fra i burroni e le gole di condomini e grattacieli. Oltre al recupero del senso del pericolo e del rischio, che fanno parte del rispetto che bisogna avere per la montagna."

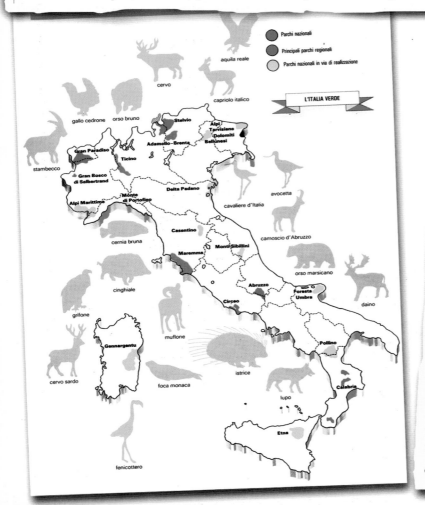

UN'AULA, UN PARCO
di Nicoletta Salvatori
direttore di Airone

A cosa serve un parco? A tutelare scampoli di natura fragile? A mettere sotto vetro microecosistemi nella mal riposta fiducia che ciò li potrà isolare dal torrente dei cambiamenti della vita? A proteggere una specie, un paesaggio, un fiore? Forse. Ma non è tutto. E soprattutto non è ciò che davvero conta. Se un senso davvero ce l'ha, proteggere un pezzetto di territorio non può riguardare solo il suo valore in termini di bellezza, biodiversità, godibilità. Ha valore in quanto lì si tenta un esperimento, si tiene una lezione. Il parco è un'aula, una meravigliosa aula verde, dove gli uomini provano a se stessi la possibilità di governare l'ambiente in cui vivono in modo armonico con le proprie necessità di specie pensante. Il Parco è un esempio di buona gestione del territorio che può e deve essere esportata altrove, nei luoghi non protetti, nelle valli degradate, nelle discariche abbandonate, nelle montagne che franano sui greti pieni di spazzatura. Ecco. Il parco è una lezione per tutti. Una scuola di convivenza. Scuola di democrazia. Scuola di natura.

Una bella immagine del Gran Paradiso dalla vetta del Blanc Giuir.

Parco Nazionale Val Grande

TRENTINO ALTO ADIGE

Parco Nazionale dello Stelvio

■ BOLZANO

■ MILANO

Parco Naturale delle Orobie

TRENTO ■

Parco Naturale dell'Adamello - Brenta

Parco Naturale delle Prealpi Giulie

Parco Nazionale Dolomiti Bellunesi

LOMBARDIA

VENETO

FRIULI VENEZIA GIULIA

VENEZIA ■

TRIESTE ■

Dall'alto in basso:
lago delle Rovine:
pseudopo:
stambecco e nebbie

Alpeggi nel P.N. Gran Paradiso

L'uomo e l'alpe

Tra le forme di sfruttamento delle risorse naturali maggiormente rispettose del territorio e della vita selvatica nella regione alpina si può senza dubbio includere l'alpeggio, un sistema di allevamento che comporta la permanenza nei prati-pascoli di montagna di mandrie di bestiame (prevalentemente bovini da latte) nel corso della buona stagione.

Il sistema ricorda la transumanza ovina dell'Italia centro-meridionale per la sua stagionalità e per il fatto di sfruttare produzioni foraggere naturali differenziate, ma se ne distingue per l'accentuata verticalità degli spostamenti.

In tarda primavera, infatti, le mucche abbandonano le stalle di fondovalle e si spostano a poco a poco verso i prati alpestri coprendo dislivelli di 2000-2500 metri.

Solo sul finire dell'estate cominciano a scendere a valle dove trascorreranno tutta la cattiva stagione alimentate con il fieno tagliato durante l'estate in ubertosi prati naturali. La pratica dell'alpeggio, diffusa lungo tutta la catena alpina dalla Liguria al Friuli, anche nelle nazioni confinanti con l'Italia, ha diversi aspetti di interesse per l'economia e l'ecologia della regione quali la conservazione di condizioni di "climax" nei prati pascoli di alta quota (sopra il limite della vegetazione arborea), l'apertura e il mantenimento di radure erbose nelle zone a quote inferiori che dovrebbero essere altrimenti coperte da vegetazione arbustiva e poi boschiva,

con benefici per alcune specie animali legate agli ambienti erbacei, la produzione di latte e di formaggi di elevato valore nutritivo e di notevole redditività sul mercato, la conservazione di manufatti in pietra (malghe, fontanili, stazzi, muri a secco) che hanno una notevole importanza nel quadro del paesaggio alpino, la conservazione di uno stock di potenziali prede nell'areale trofico dei grandi carnivori (orso, lupo e lince).

Fra gli aspetti negativi, comunque ancora poco studiati, si possono includere il sovrappascolo con conseguente degradazione della vegetazione erbosa e fenomeni di erosione del suolo, interferenze sanitarie fra il bestiame domestico e gli ungulati selvatici, l'apertura di strade e la frequentazione di ambienti alto montani.

IN QUESTA SEZIONE IMPARERAI A:

- CHIEDERE DI FARE O DI NON FARE
- PORRE DELLE CONDIZIONI
- INDICARE DELLE RESTRIZIONI

Osserva questo volantino e ascolta il dialogo. Dove ci troviamo?

Sara e Francesca sono in gita scolastica. Pensi che riusciranno a fare delle foto?

COME FARE PER... **CHIEDERE DI FARE O DI NON FARE**

In modo meno formale:	**Cercate di** non parlare tutti insieme.
	Mi raccomando, non spaventate i pesci.
	Per favore, non andatevene per conto vostro.
E in modo più formale:	**Vi chiedo** per favore **di** restare insieme al gruppo.
	Vi prego di proseguire verso l'uscita.
	Vorrei pregarvi di non fare foto con il flash.

ATTIVITÀ

Anche tu e il tuo compagno volete andare all'Acquario di Genova. Tu ti sei segnato delle cose che vuoi ricordare di fare al tuo compagno (a) e lui ha fatto lo stesso per te (b). Chiedi al tuo compagno di fare queste cose, poi lui lo chiederà a te.

a
- arrivare puntuale alla stazione
- portare la macchina fotografica
- portare il libro sui pesci preso in biblioteca
- portare il binocolo

b
- ricordarsi la tessera del WWF, che dà diritto ad uno sconto
- chiedere a Sara e Francesca quanto costa il biglietto d'ingresso
- telefonare a Gianni e chiedere se viene anche lui
- mettere delle scarpe molto comode per camminare

▶ **QL** 4

(b)

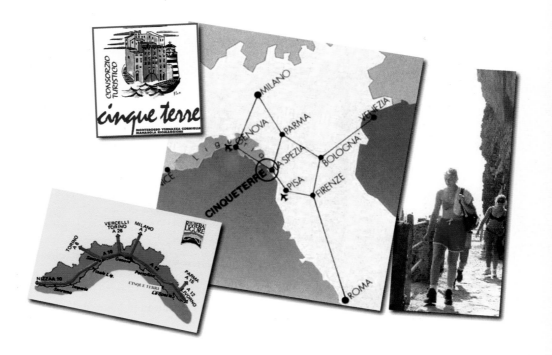

C.A.I. SENTIERO N.2: RIOMAGGIORE - MONTEROSSO (PERCORSO AZZURRO LUNGO MARE)

Tempo di percorrenza totale: 5 ore. Il sentiero inizia dal piazzale della Stazione FS per la Via dell'Amore fino a Manarola (30 min). Da Manarola sale lievemente e poi in piano sulla bella mulattiera raggiunge la Stazione FS di Corniglia e il paese con erta scalinata (1 ora). Da Corniglia il sentiero, mantenendosi pressochè alla stessa quota per un lungo tratto con alcuni punti difficoltosi, scende infine a Vernazza (1 ora 30 min). Da Vernazza inizia il tratto più lungo e tortuoso dove spesso occorre fare molta attenzione per la natura del terreno. Il sentiero sale fino a 180 m di quota ed in vista di Monterosso scende precipitosamente terminando in prossimità del Comune (2 ore).

▶ **QL** 5

La gita scolastica di Sara e Francesca continua.
La seconda tappa è Corniglia, un paese delle Cinque Terre. Ascolta il dialogo e cerca di capire se Corniglia si trova sul mare.
Quali sono gli elementi che te lo fanno pensare?

COME FARE PER... **PORRE DELLE CONDIZIONI**

Se restate indietro, non importa, **purché** sappiate che alle cinque si riparte.
Potete andare fino agli ulivi, **a patto che** torniate fra mezz'ora.
Puoi scendere fino al mare, **basta che** tu abbia voglia di farti 365 scalini!
Potete andare nel bosco, **a condizione che** ritorniate puntuali.

COME FARE PER... **INDICARE DELLE RESTRIZIONI**

A meno che tu **non** faccia l'autostop, ti devi rassegnare ad andare a piedi.
Non puoi andare in spiaggia, **tranne che** tu **non** voglia fare 365 scalini a piedi.
Domani si va a Vernazza a piedi, **salvo che non** piova.

ATTIVITÀ

Sei a Monterosso al Mare. Chiedi al tuo compagno se:
- si può fare il bagno in mare
- si possono portare i cani in spiaggia
- si può comprare della birra al bar vicino
- si possono fare fotografie dentro la chiesa di San Francesco
- puoi cambiare una maglietta che hai appena comprato se non ti va bene
- si può avere uno sconto sul biglietto della nave
- si può andare a prendere del materiale turistico all'APT

Il tuo compagno legge questi cartelli e ti dà una risposta, usando le formule appena viste. Scambiatevi i ruoli a metà esercizio.

Esempio: - Senti, ma si può fare il bagno qui?
- Sì, ma a patto che tu rimanga entro la linea di segnalazione.

Bagni consentiti solo entro la linea di segnalazione

Si vendono alcolici solo ai clienti maggiori di anni 18

Si effettuano cambi merce entro 7 giorni dalla data dell'acquisto

Vietato fare fotografie con il flash

Vietato l'ingresso ai cani non al guinzaglio

Sconti a gruppi (min. 10 persone)

Azienda di Promozione Turistica – orario feriale di apertura: 8.30 – 14.00 tutti i giorni escluso sabato e festivi

▶ **QL**
10, 11

Anche questo racconto di Gianni Rodari si svolge al mare. Il protagonista della storia possiede un'attrezzatura davvero speciale. Cerca di capire quale.

SULLA SPIAGGIA DI OSTIA

A pochi chilometri da Roma c'è la spiaggia di Ostia, e i romani d'estate ci vanno a migliaia di migliaia, sulla spiaggia non resta nemmeno lo spazio per scavare una buca con la paletta, e chi arriva ultimo non sa dove piantare l'ombrellone.

Una volta è capitato sulla spiaggia di Ostia un bizzarro signore, davvero spiritoso. Arriva per ultimo, con l'ombrellone sotto il braccio, e non trova il posto per piantarlo. Allora lo apre, dà una aggiustatina al manico e subito l'ombrellone si solleva per aria, scavalca migliaia di migliaia di ombrelloni e va a mettersi proprio in riva al mare, ma due o tre metri sopra la punta degli altri ombrelloni. Lo spiritoso signore apre la sua sedia a sdraio, e anche quella galleggia per aria; si sdraia all'ombra dell'ombrellone, leva di tasca un libro e comincia a leggere, respirando l'aria del mare, frizzante di sale e di iodio.

La gente, sulle prime, non se ne accorge nemmeno. Stanno tutti sotto i loro ombrelloni, cercano di vedere un pezzetto di mare tra le teste di quelli che stanno davanti, o fanno le parole crociate, e nessuno guarda per aria. Ma ad un tratto una signora sente qualcosa cadere sul suo ombrellone, pensa che sia una palla, esce per sgridare i bambini, si guarda intorno, guarda per aria e vede lo spiritoso signore sospeso sulla sua testa. Il signore, guardando all'ingiù, dice a quella signora:

- Scusi, signora, mi è caduto il libro. Me lo ributta su per cortesia?

La signora, per la sorpresa, cade seduta nella sabbia e siccome è molto grassa non riesce a risollevarsi. Accorrono i parenti per aiutarla e la signora, senza parlare, indica loro col dito l'ombrellone volante.

- Per piacere, - ripete lo spiritoso signore - mi ributtano su il mio libro?

- Ma non vede che ha spaventato nostra zia?

- Mi dispiace tanto, non ne avevo davvero l'intenzione.

- E allora scenda di lì, è proibito.

- Niente affatto, sulla spiaggia non c'era posto e mi sono messo qui. Anch'io pago le tasse, sa?

Uno dopo l'altro, intanto, tutti i romani della spiaggia iniziano a guardare per aria, additandosi ridendo quel bizzarro bagnante.

- A Gagarin, - gli gridano - me fai montà puro ammè?*

Un ragazzino gli getta su il libro, e il signore lo sfoglia nervosamente per ritrovare il segno, poi si rimette a leggere sbuffando. Pian piano lo lasciano in pace. Solo i bambini, ogni tanto, guardano per aria con invidia, e i più coraggiosi chiamano:

- Signore, signore!

- Che volete?

- Perché non ci insegna come si fa a star per aria così?

Ma quello sbuffa e torna a leggere. Al tramonto, con un leggero sibilo, l'ombrellone vola via, lo spiritoso signore atterra sulla strada vicino alla sua motocicletta, monta in sella e se ne va. Chissà chi era e chissà dove aveva comprato quell'ombrellone.

Da: Gianni Rodari, Favole al telefono

* fai salire anche me?

Acqua, terra e fuoco

FUOCO E FIAMME SUL BEL PAESE

Come ogni anno, sono i mesi estivi il periodo più critico nella lunga battaglia combattuta contro gli incendi, spesso criminali. Ecco le cifre e i bilanci degli ultimi 20 anni: che fanno nascere una cauta speranza

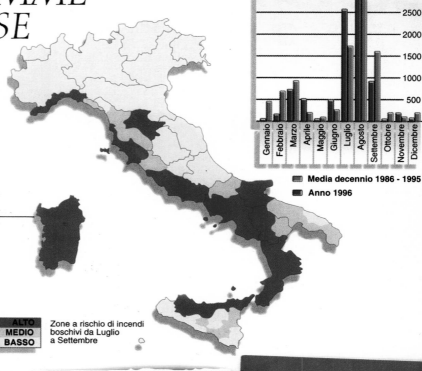

Media decennio 1986 - 1995
Anno 1996

SI BRUCIA PIÙ D'ESTATE

Nel 1996 è stato agosto il mese più rovente di incendi: ne sono scoppiati oltre 3.000 (*sopra, a destra*) e sono andati in fumo più di 15.000 ettari di verde. Mentre a luglio 2.500 "fuochi" hanno prodotto un danno superiore, pari a oltre 27.000 ettari. Le regioni più a rischio sono Liguria, Toscana, Lazio, Campania, Calabria, Basilicata, Puglia, Sicilia e Sardegna (*qui a destra*): dove da giugno a settembre dell'anno scorso si sono avuti ben 1.681 incendi.

 ALTO MEDIO BASSO

Zone a rischio di incendi boschivi da Luglio a Settembre

LA MAPPA SISMICA IN ITALIA

L'INDICE DI PERICOLOSITA'
(Unità di misura: "g"= accelerazione di gravità attesa)

	< 0,08
	0,08 - 0,12
	0,12 - 0,16
	0,16 - 0,20
	0,20 - 0,24
	0,24 - 0,28
	0,28 - 0,32
	0,32 - 0,36
	> 0,36

AOSTA · TRENTO · TRIESTE · TORINO · MILANO · VENEZIA · GENOVA · BOLOGNA · FIRENZE · ANCONA · PERUGIA · ROMA · L'AQUILA · CAMPOBASSO · BARI · POTENZA · NAPOLI · CAGLIARI · PALERMO · REGGIO CALABRIA

La mappa è stata consegnata al sottosegretario Franco Bàrberi il 15 luglio 1996. Si intitola «Pericolosità sismica del territorio nazionale». A firmarla è il Gruppo nazionale per la difesa dai terremoti (Gndt) l'ente del Cnr specializzato nella sismologia. Sui giornali di queste ultime settimane, anche dopo il disastro del 26 settembre, non l'avevate mai vista: forse perché le autorità non vogliono allarmare le popolazioni con cartine troppo dettagliate, o chissà perché. Eppure, la mappa è perfino sulla rete Internet (http//www.emidius.i-tim.mi.cnr.it). Oggi, per la prima volta, la mappa viene pubblicata da «Panorama». Non è la solita carta storica dei terremoti, non si basa solamente sulla constatazione di quanto è avvenuto in passato. La «Mappa della pericolosità» dovrebbe servire proprio al contrario: a prevedere scosse e disastri.

PRESIDENZA DEL CONSIGLIO DEI MINISTRI
DIPARTIMENTO PER I SERVIZI TECNICI NAZIONALI

SERVIZIO SISMICO NAZIONALE

SE ARRIVA IL TERREMOTO...
CAMPAGNA DI EDUCAZIONE DELLA POPOLAZIONE SUL COMPORTAMENTO IN CASO DI TERREMOTO

Il terremoto: un fenomeno naturale non prevedibile, che dura molto poco, quasi sempre meno di un minuto.
La tua sicurezza dipende soprattutto dalla casa in cui abiti. Se è costruita o adattata in modo da resistere al terremoto, non subirà danni gravi e ti proteggerà.
Ovunque tu sia in quel momento, è molto importante mantenere la calma e sapere cosa fare.
Preparati ad affrontare il terremoto, pensaci fin da ora.

Seguire alcune semplici norme di comportamento può salvarti la vita.

SERVIZIO SISMICO NAZIONALE   Via Curtatone, 3 - 00185 Roma

Roma - Istituto Poligrafico e Zecca dello Stato - P.V.

SE AMATE LA NATURA...

non danneggiate i fiori e gli alberi

non inquinate le acque

non accendete fuochi nei boschi

non lasciate rifiuti nei prati

COMUNITA' MONTANA
LARIO - INTELVESE

NELL'EUROPA DEL FIAMMIFERO

I Paesi europei del Mediterraneo sono i più colpiti dagli incendi boschivi (*sotto*). Complessivamente, negli ultimi tre anni, sono andati in fumo quasi 1.200.000 ettari di foreste e litorali, una superficie grande come la Valle d'Aosta e le Marche messe assieme. Il primato negativo per il numero di incendi spetta al Portogallo con 87.857; mentre il danno maggiore è della Spagna con 619.472 ettari bruciati.

Superficie bruciata (ha)

1994
1995
1996

Numero incendi

Portogallo
Superficie: 41.427 / 125.328 / 83.045
Numero: 22.604 / 30.175 / 29.078

Spagna
Superficie: 437.489 / 129.497 / 52.486
Numero: 18.528 / 25.381 / 16.324

Francia
Superficie: 28.788 / 19.020 / 14.341
Numero: 5.572 / 6.959 / 10.703

Italia
Superficie: 119.414 / 48.880 / 57.986
Numero: 8.655 / 7.377 / 9.093

Grecia
Superficie: 65.481 / 25.185 / 23.408
Numero: 2.511 / 1.572 / 1.992

SE ARRIVA IL TERREMOTO ...

Cerca riparo all'interno di una porta in un muro portante o sotto una trave. Se rimani al centro della stanza potresti essere ferito dalla caduta di vetri, intonaco o altri oggetti.

Non precipitarti fuori per le scale: sono la parte più debole dell'edificio. Non usare l'ascensore: si può bloccare. In strada potresti essere colpito da vasi, tegole ed altri materiali che cadono.

Chiudi gli interruttori generali del gas e della corrente elettrica, alla fine della scossa, per evitare possibili incendi.

Esci alla fine della scossa. Indossa le scarpe: in strada potresti ferirti con vetri rotti. Raggiungi uno spazio aperto, lontano dagli edifici e dalle linee elettriche.

Non bloccare le strade. Servono per i mezzi di soccorso. Usa l'automobile solo in caso di assoluta necessità.

Convivere con le alluvioni

Intervista al prof. Umberto Baldini

In questa intervista il prof. Umberto Baldini, che nel 1966 era direttore del Gabinetto dei Restauri della Soprintendenza di Firenze, ci spiega il suo punto di vista riguardo alla situazione della sicurezza in caso di alluvione.

Professor Baldini, lei ha vissuto l'alluvione in prima persona e fu tra coloro che fecero uno sforzo enorme per salvare le opere d'arte di Firenze, come crede sia possibile difendersi dalle piene dell'Arno?

In media a Firenze abbiamo una grossa alluvione ogni cento anni, anche nella seconda metà dell'800 gran parte della città venne alluvionata. Le maggiori alluvioni sono state quelle del 1333 e della metà del Cinquecento, ma quella del 1966 le ha superate. Credo che i fiorentini debbano abituarsi a convivere con le alluvioni ma spesso si perde la memoria di queste cose. A un certo punto si dimentica. I giovani oggi non sanno cosa successe nel 1966 e l'importante è fare in modo che nelle coscienze delle persone questa cosa esista. Quando venne l'alluvione fu la catastrofe perché non eravamo preparati. Avevamo dimenticato.

Come sono state protette le opere d'arte contro le alluvioni?

Abbiamo fatto in modo che le opere d'arte, dove possibile, non fossero più a portata di acqua. Per esempio in Santa Croce sono al piano superiore. L'unica è il Crocifisso del Cimabue ma é protetto da un sistema elettronico che ne permette la salvezza.

Che lei sappia cosa é stato fatto per arginare o difendersi dalle alluvioni dopo il 1966?

Mi pare che fino ad oggi non sia stato fatto niente se non alzare le spallette dell'Arno. L'importante é comunque mostrare cosa é successo. Vedere cosa può capitare alle persone. In questa città oltre al problema del traffico e alla mancanza d'acqua c'é anche quello dell'alluvione. Se si ripetessero le modalità del 1966 l'acqua salirebbe di altri due metri oltre il livello dell'ultima alluvione. Il problema maggiore é che non ci sono più boschi che potrebbero assorbire le acque.

Oggi il prof. Baldini é preside dell'Università Internazionale dell'Arte e direttore del progetto finalizzato ai Beni Culturali del Consiglio Nazionale delle Ricerche (CNR)

pianeta

unità

Ragazzi nel 2000

quattro 4

unità 4
Ragazzi nel 2000

IN QUESTA SEZIONE IMPARERAI A:

- DESCRIVERE L'ASPETTO* E IL CARATTERE DI UNA PERSONA
- PARLARE DEI TUOI DESIDERI

Gli autori di queste lettere inviate alla redazione di una rivista giovanile hanno tutti dei problemi dello stesso tipo. Quale?

Ho 16 anni e un fisico né bello né brutto: non sono molto alta, ma sono ben proporzionata e anche se un po' pienotta, non mi posso dire grassa. Il mio problema è il viso: ho un faccione bianco e rosso con tanto di doppio mento e i miei compagni spesso mi prendono in giro chiamandomi "luna piena". Le cure dimagranti finora non sono servite a niente: perdo chili, ma il faccione resta. Che fare?

Mirna, Foggia

Ho 18 anni appena compiuti; già da quasi un anno perdo sempre di più i capelli, e purtroppo dove li perdo non ricrescono più. Mi sa che diventerò presto completamente calvo! Esistono delle cure contro la calvizie che ritardino un po' questo processo? Ho paura di sembrare più vecchio, di dimostrare già 40 anni quando ne avrò solo 20. Avendo i capelli neri, poi, si nota ancora di più.

Gianluigi, Mondovì (CN)

Avere le orecchie a sventola di per sé non è un problema: porti i capelli lunghi e le copri.   Io però, che sono anche di costituzione un po' robusta, con i capelli lunghi sto malissimo. E allora? Ho sentito che esiste la possibilità di intervenire chirurgicamente.
E' vero?

Giampiero, Monza (MI)

Non capisco quelle che vorrebbero essere alte come le top-model: io, che a 17 anni sono alta 1 metro e 82, avrei tanto voluto restare sotto il metro e 70. Almeno i miei amici non mi chiamerebbero sempre "la pertica" o "la stangona" e non mi farebbero domande idiote del tipo "ehi, che tempo fa lassù?". Per non parlare poi della difficoltà di trovare qualcuno con cui ballare da poter guardare negli occhi senza dovere abbassare lo sguardo!

Letizia, Milano

Vorrei avere qualche consiglio su come proteggere la mia pelle. Ho la carnagione chiarissima e e molto sensibile al caldo, al freddo, al vento... insomma, a tutto. Questo fa sì che spesso mi vengano delle macchie rosse sulla pelle che sembrano quasi delle allergie. Esistono delle creme o delle cure specifiche?

Marzia, Modena

Ho il naso molto pronunciato e un po' aquilino. Vorrei trovare una pettinatura che non lo facesse notare troppo. Che cosa mi consigli? Adesso porto i capelli corti con la frangia, ma forse la   riga in mezzo mi starebbe meglio. O no?

Cristina, Piombino (LI)

si dice...

Con la frangia   Naso aquilino   Orecchie a sventola

Il giornale radio parla di una rapina al supermercato.
Secondo te la polizia ha preso il rapinatore?

Simone parla dei suoi compagni di classe. Chi sono secondo lui i più simpatici?

COME FARE PER... DESCRIVERE L'ASPETTO...

Che tipo è Antonio? **Com'è fisicamente** Antonio?	▶▶▶▶	È piuttosto robusto, con la faccia un po' quadrata e le spalle molto largh
Quanto è alto?	▶▶▶▶	È alto quasi un metro e ottanta.
Di che colore ha i capelli? E gli occhi?	▶▶▶▶	È **scuro di** carnagione e **di** capelli. **Ha i** capelli neri e **gli** occhi scuri.

... E IL CARATTERE DI UNA PERSON

Che tipo è Grazia?	▶▶▶▶	**È un tipo** sportivo.
Di carattere, com'è Grazia?	▶▶▶▶	**Ha un carattere** molto estrovers ma è anche abbastanza impulsiva

▶ **QL**
8, 9,
10

▶ **SG** ₁

primi della classe

secchione

IVITÀ 1

Scegli una delle fotografie qui sotto e descrivila al tuo compagno. Lui deve indovinare qual è.

IVITÀ 2

Descrivi ad un compagno il carattere di un ragazzo o una ragazza della tua classe. Lui deve indovinare chi è. Fatelo almeno due volte a testa.

siamo tutti diversi

carino estroverso aperto simpatico socievole ottimista
presuntuoso allegro sportivo riflessivo preciso
bruttino antipatico introverso chiuso scontroso pessimista
modesto malinconico sedentario impulsivo superficiale

QL
11, 12

b

Per quale tipo di lettori o lettrici è stato scritto questo articolo? Quali sono, secondo questo articolo, i pro e i contro del vivere da soli?

Dossier donna

Arriva il momento in cui la casa e la famiglia diventano troppo strette. Si ha l'impressione di non avere abbastanza spazio per sé, e nemmeno la conquista delle chiavi di casa per poter tornare a casa quando si vuole di fatto non risolve la situazione. Lo spazio è stretto perché non permette di esprimere tutta la propria creatività e di sperimentare nuovi ruoli. La nostra immaginazione lavora a tutti i livelli: sarebbe bello cambiare la disposizione dei mobili, togliere quel bruttissimo divano marrone e mettercene uno a fiori, più allegro... E se si potessero togliere quegli orrendi soprammobili, poi... Ma ovviamente non si può dire alla mamma di buttare via qualcosa a cui tiene molto. Il problema è che quello spazio è stato pensato e creato da altri e per altri. E allora si inizia a sognare: magari potessi avere un appartamento tutto mio dove invitare tutti gli amici che voglio, dove "lui" può venire tranquillamente senza dover ogni

Vorrei tanto essere libera, senza orari e senza regole dettate da altri, vorrei poter vedere i miei amici quando voglio. E allora sai che ti dico?

VADO A VIVERE DA SOLA!

volta inventare delle scuse. Una camera dove solo io decido che cosa metterci e come. Uno spazio fisico e sociale dove poter finalmente decidere ed essere responsabile della mia vita. Nei nostri sogni, però, non teniamo conto che una casa tutta nostra qualcuno deve anche pulirla, che per poter usare il gas in cucina bisogna aver pagato la bolletta, che l'affitto è caro e che

quindi a volte per poter sostenere le spese è necessario dividere un appartamento con qualcun altro.
Questa è l'altra faccia della medaglia, e se non la si guarda subito si rischia di restare a sognare senza mai fare dei passi per far diventare i propri sogni realtà, continuando poi a preferire la casa di mamma e papà perché tutto sommato più comoda e vantaggiosa, mentre nel resto dell'Europa è normale che i ragazzi ad un certo punto vadano a vivere per proprio conto.
Sì, i problemi ovviamente ci sono, ma questo non significa che sia impossibile costruire il proprio spazio. Semplicemente, farlo costa fatica e implica molte operazioni meno gratificanti che comunque aiutano a crescere e a consolidare se stessi. Le file agli uffici pubblici, o le discussioni con la compagna di stanza disordinata sono comunque qualcosa di diverso che offre la possibilità di sperimentare nuovi ruoli, nuove capacità e può dare la sicurezza di farcela da sole.

QL
13, 14

Questi ragazzi raccontano i loro più grandi sogni e desideri. Cerca di capire quali sono.

QL 15

COME FARE PER... **PARLARE DEI PROPRI DESIDERI**

Sarebbe bello **Mi piacerebbe**	andare a vivere da soli! **che non ci fosse** più la fame nel mondo
Vorrei tanto	passare l'esame di maturità! **che** lo studio **fosse** un diritto per tutti.

(Magari) potessi avere un appartamento tutto mio! **Se solo fosse possibile** cambiare l'arredamento della stanza!

SG
2, 3

ATTIVITÀ

a. Guarda con il tuo compagno la foto di questa spiaggia. Fagli delle domande sui suoi desideri riguardo a:

- quando e per quanto tempo andarci;
- con chi;
- che cosa fare;
- che cosa portare con sé.

Lui risponde ad ogni domanda con almeno una frase, usando le espressioni appena viste.

b. Guardate quindi la foto di questa mansarda. Il tuo compagno ti fa delle domande sui tuoi desideri riguardo

- andare ad abitare da solo;
- in quale città o in quale zona;
- quali mobili comprare;
- come organizzare la casa.

Tu rispondi ad ogni domanda con almeno una frase, usando le espressioni appena viste.

Esempio:
- *Quando vorresti andare al mare?*
- *~ Sarebbe bello andarci a luglio.*
- *E quanto tempo vorresti rimanerci?*
- *~ Mi piacerebbe tanto rimanerci almeno per due settimane...*
- *...*

QL 16

TEST

Per cercare di capire se saresti in grado di andare a vivere da solo, vedi con noi se sei ...

ORDINATO O CAOTICO?

1. Ti prepari per uscire e poi...
a. lasci vestiti ovunque e pensi di sistemare quando torni
b. cerchi di non lasciare troppo disordine in camera tua
c. lasci tutto a posto

2. Se devi fare la spesa...
a. vai all'ultimo minuto al negozio più vicino a casa
b. ti capita di dimenticarti di comprare qualcosa che ti serviva
c. fai prima la lista di quello che ti serve

3. Solitamente rifai il tuo letto...
a. prima di andare a dormire
b. quando torni a casa da scuola
c. appena ti alzi

4. La tua vita sentimentale è caratterizzata:
a. da tanti innamoramenti fulminei
b. dalla ricerca di un rapporto serio
c. da grandi amori

5. Ti capita di andare in vacanza e...
a. dover comprare cose necessarie sul posto
b. finire i soldi prima del previsto
c. dover prestare le tue cose agli altri

6. Gli amici devono venire a prenderti per uscire ma sono in ritardo:
a. sei impaziente e nervoso
b. telefoni per sentire se sono già partiti
c. guardi la televisione

7. Se avessi all'improvviso tanti soldi a disposizione...
a. li spenderesti subito
b. cercheresti di mettere qualcosa da parte
c. li terresti per le emergenze

8. Le telefonate chilometriche agli amici, le fai:
a. quando ne hai voglia
b. quasi mai
c. quando c'è la tariffa ridotta

9. Secondo te le apparenze:
a. non contano
b. non sono tanto importanti
c. sono importantissime

10. Se devi impegnarti in qualcosa:
a. trovi difficile concentrarti
b. ti concentri bene solo se la cosa ti interessa
c. ti concentri bene in ogni caso

11. Ti capita spesso:
a. di perdere qualcosa
b. di perdere tempo a cercare le tue cose
c. di sapere dove sono le cose

12. Devi fare dei documenti che richiedono lunghe file:
a. chiedi aiuto a tua madre
b. fai da solo
c. ti affidi a un'agenzia

PIÙ DI 30 PUNTI:

Hai bisogno di sicurezza e stabilità e questo si traduce in un grande amore per l'ordine e l'organizzazione. Non ti piace lasciare le cose al caso, né perdere tempo: con poche regole precise puoi dare il ritmo che preferisci alla tua vita ed essere appagato. È una grande dote se non si traduce in eccessivo controllo o in rigidità. Lasciar correre ogni tanto non è male e ti fa sentire più leggeri.

DA 17 A 30 PUNTI:

Probabilmente i pavimenti lucidi e le finestre a specchio non ti interessano perché ti basta avere uno spazio funzionale dove muoverti e sentirti a tuo agio. Questo significa che se tieni con cura le cose particolarmente care, di altre ti disinteressi lasciandole nel caos. Ti costa un po' di fatica organizzarti e la tua testa tra le nuvole ti fa spesso perdere tempo, ma si può dire che hai buona volontà e l'orgoglio per fare tutto da solo.

FINO A 16 PUNTI:

La tua casa sarebbe senz'altro originale. Anche se il caos non è il tuo grande amore, la tua difficoltà ad organizzarti e a concentrarti non ti consente di mettere ordine nei tuoi spazi vitali è probabilmente anche nella tua vita. Sei fondamentalmente trasgressivo e non ti piace avere delle regole da seguire. L'impulsività e il disordine sono infatti anche la caratteristica della tua vita emotiva. Avresti bisogno di un po' di pace.

*Assegnati
1 punto
per ogni
risposta
"a",
2 punti
per ogni
risposta
"b",
3 punti
per ogni
risposta
"c".*

QL 17

VALORI, PROGETTI, VIZI: ISTRUZIONI PER CAPIRE LE TRIBÙ DEI VENTENNI

Che cosa hanno in mente i ragazzi di oggi

Amiconi, comodoni, mammoni. Ecco come gli ultimi studi (anche europei) e i più autorevoli esperti dipingono gli under 20 italiani.

...logu, Fabio De Luca e pubblicato nel libro *Fuori tutti. Una generazione in camera sua*, Einaudi).

La situazione oggi.
I giovani di un tempo, rifiutando il mondo degli adulti, volevano distruggerlo. I giovani di oggi, rifiutando ugualmente il mondo degli adulti, non vogliono semplicemente entrarci e non se ne vanno da casa neanche a cannonate. Ci sono i dati, elaborati dal Sole 24 Ore: i venticinque-ventinovenni che vivevano con mamma e papà erano il 39 per cento nel 1990 e il 54,1 nel 1996. I trenta-trentaquattrenni erano il 13,7 (1990) e sono diventati il 21,6 per cento. L'ultima ricerca Eurisko, che sta sui tavoli dei giornali adesso, mostra che il giovane italiano va d'accordo con i genitori (80 per cento), ammette di avere molta libertà (70), stare in famiglia gli piace (66), eccetera. Francesi, inglesi e tedeschi hanno spesso percentuali di affiatamento con madri e padri più alte. Ma forse vanno d'accordo con i genitori anche andandosene da casa.

Altre domande. In un'altra par-

...ella media europea).

Un caso. Gianni, 33 anni (sottolineiamo: 33 anni): «Perché non andare a vivere da solo visto che comunque lavoro? E perché dovrei? I miei sono spesso via e io rimango padrone del campo. Questa la percepisco assolutamente come casa mia. Non è una questione di comodo, è una scelta vera e propria. Tanto che quattro anni fa ci avevo anche pensato ad andare a vivere da solo. Il risultato è stato chiedermi: "Ma chi me lo fa fare?". Qui faccio quello che voglio, vivo come se fossi da solo. Se ritorno tardi o se non vengo a pranzo o a cena, non avverto neanche. Nemmeno il sesso è un problema. Oggi la maggior parte delle donne hanno casa da sole, sono loro a farsi carico della questione» (*Fuori tutti*, Cit).

MARI GALIMBERTI

TUTTI FAMIGLIA E DISCOTECA.
L'amicizia e la famiglia sono i valori principali dei ragazzi italiani. Nel tempo libero, può bastare una cena in pizzeria.

IL TEMPO LIBERO

%	Italia	Media europea
Mangiare fuori casa	70	50
Fare shopping	69	62
Visitare mostre e musei	61	37
Praticare la religione	50	21
Assistere a eventi sportivi	49	44

I PROGETTI

%	Italia	Media europea
Formare una famiglia	78	73
Impegnarsi nello studio	68	80
Andare all'università	61	56
Fare carriera	56	72
Diventare famosi	47	41

OGNI 1000 STUDENTI CHE SI ISCRIVONO ALLA PRIMA MEDIA...
... solo 165 riescono a laurearsi. A destra, l'itinerario scolastico dei ragazzi italiani secondo uno studio dell'Isfol, l'Istituto per lo sviluppo della formazione professionale.

79 Si fermano alla licenza media

23 Escono con la qualifica professionale

217 Si fermano alla maturità

953 Prendono la licenza

874 Si iscrivono al primo anno di scuola superiore

684 Arrivano alla maturità

467 Si iscrivono all'università

165 Arrivano alla laurea

47 Abbandonano prima della licenza di terza media

167 Abbandonano prima del diploma di maturità

313 Abbandonano prima di conseguire la laurea

dir... ...minist... ...o, eccetera.

Laureati al Sud. Secondo un'a-
nalisi del Centro studi Confindustria, coordinata da Natale Forlani,
il 55 per cento dei laureati al Sud è
disposto a lavorare solo nel comune di residenza o in uno vicino e a
un salario maggiore di quello preso al Nord. Appena il 24 per cento dei disoccupati accetterebbe di
lavorare per meno di 1.250.000 lire
mese (al Nord il 34). Dentro c'è
anche un po' di quota di lavoro
femminile, un po' di gente che fa lavoro sommerso, giovani che restano in carico alle famiglie.
...Sud. Nel Sud, tra i giovani in cerca di prima occupazione il 73,7 per
cento sarebbe disposto ad accettare un lavoro solo se lo stipendio
netto mensile fosse superiore a un
milione e 750 mila lire (dati Istat).
...onferma Eurispes. Una ricerca
...s... ...conferma che i giovani

Conferma Eurispes. Una ricerca
Eurispes conferma che i giovani
senza lavoro sono, nel 74 per cento
dei casi, «figli a carico». Solo il 3 per
cento dei maschi è coniugato, mentre per le donne si sale al 9. Per la
maggior parte i senza lavoro pro-
vengono da famiglie composte da
quattro membri: padre, madre e
due figli. E, nel 52 per cento dei casi, vivono tutti con un solo stipendio, quello del capofamiglia. Non si
tratta di una conseguenza dell'effetto povertà: in realtà la permanenza in famiglia è una libera scelta dei giovani. In mancanza di un
sussidio di disoccupazione, cam-
pano con la busta paga di papà, che
si trasforma così in un autentico
«ammortizzatore sociale». L'alternativa sarebbe di spingere i giovani ad accettare un lavoro purches-
sia, ma la statistica dice che, piuttosto che spingere i figli verso oc-
cupazioni «al di sotto delle loro
aspettative», la famiglia italiana
preferisce assumersi l'onere del loro mantenimento ben oltre le soglie
della maggiore età (dati Eurispes).
...ondaggio. Da un'i... ...c...

I VALORI		
%	Italia	Media europea
Amicizia	93	93
Salute	82	85
Amore	75	78
Solidarietà	65	63
Armonia in famiglia	64	70

LE MAGGIORI PREOCCUPAZIONI		
%	Italia	Media europea
Aids	82	63
Salute	75	58
Droghe	68	60
Inquinamento	66	53
Criminalità	65	53
Disoccupazione	65	54

QUESTA INDAGINE
Qui accanto e nelle pagine seguenti, i dati della ricerca «Teenagers Europe 1997» condotta da Eurisko-Euroquest intervistando giovani tra gli 11 e i 19 anni di Italia, Francia, Germania e Gran Bretagna. Hanno risposto 8 mila ragazzi, di cui 2 mila italiani.

COSÌ CARINI, COSÌ EDUCATI
I giovani italiani? Troppo legati a mamma e papà

I ragazzi italiani sono ancora oggi più interessati a farsi
una famiglia che a investire
nella carriera. Sono preoccupati per i temi ambientali e attenti alla politica, meno determinati però a impegnarsi nello
studio; hanno l'ambizione di diventare famosi, ma sono poco
convinti di farcela con le proprie forze. Valori, preoccupa-
zioni, interessi, desideri degli
adolescenti «born in Italy» si
differenziano, a volte in maniera considerevole, da quelli dei
loro coetanei europei. È il risultato della ricerca compiuta dal
network europeo Euroquest
sull'universo giovanile, che ha
fotografato la realtà di cui sono protagonisti 27, 2 milioni di
ragazzi tra gli 11 e i 19 anni in
Germania, Francia, Italia, Regno Unito. *Panorama* ha inter-
vistato Paolo Anselmi, vicepresidente e responsabile internazionale di Eurisko, l'istituto

di ricerca che ha condotto la
parte italiana del sondaggio.

Domanda. Che cosa distingue un adolescente italiano da
un suo coetaneo europeo?
Risposta. Il dato più eviden-
te, che spiega anche molti altri
atteggiamenti, è la buona relazione con la famiglia: i ragazzi
italiani nutrono meno la convinzione di non essere capiti dai loro genitori e dichiarano una
maggior convergenza di idee
con i loro «vecchi». Un secondo
dato, pure molto appariscente,
è quello di una maggiore apertura culturale e di una migliore
sensibilità sociale e politica, oltre al persistere del sentimen-
to religioso, ancora vivo nella
metà degli intervistati (negli altri paesi supera appena il 10 per
cento). Nei giovani italiani è presente quella che noi definiamo
«valorialità»: alcuni punti di riferimento religiosi, ideologici, di

tipo etico e sociale, oppure culturale sono sentiti e condivisi in
maniera molto più ampia. Il teenager si confronta con un mondo di adulti più strutturato, nonostante tutte le crisi e i pensieri deboli, e con alcune organizzazioni, la Chiesa prima di
tutto, ma anche la politica e soprattutto la famiglia che funzio-
nano come catena di trasmis-
sione di valori forti.

**I teenager italiani sono più
maturi e consapevoli o invece
sono più conformisti e si ade-
guano ai valori dei «grandi»
per evitare conflitti?**
La conclusione a cui siamo
arrivati è duplice: dei sei tipi
sociologici in cui sono stati divisi i giovani europei, gli italiani sono presenti soprattutto
nel gruppo dei «bravi ragazzi»

(con il 28 per cento, mentre la
media europea è del 16 per
cento) e in quello degli «esplo-
ratori» (31 per cento, contro
20). La realtà giovanile italiana
pare improntata al dualismo:
tanti «bravi ragazzi» che si
uniformano ai valori sociali do-
minanti e impostano la loro vita nel solco tracciato dalle famiglie, ma anche molti giovani
«contro» alla ricerca di una
identità propria e differente.
**Solo il 48 per cento dei gio-
vani italiani, però, crede di poter raggiungere il successo con
le proprie forze.**
Non è colpa dei giovani: si è
creata nella cultura italiana la
convinzione che faccia premio
l'appoggio clientelare, la rac-
comandazione, piuttosto che la
professionalità e la preparazione. Questo rischia di far
perdere un po' di smalto ai
teenager italiani che sognano
di diventare famosi, ma che sono meno agguerriti e determinati dei loro coetanei europei
quanto a volontà di riuscire.

Anna Jannello

sezione 2   M'AMA, NON M'AMA...

IN QUESTA SEZIONE IMPARERAI A:

- FARE AUGURI E CONGRATULAZIONI
- PRENDERE ACCORDI
- SCUSARTI E RISPONDERE ALLE SCUSE

Ascolta questi brevi dialoghi. In quali situazioni si svolgono?

QL
1, 2

COME FARE PER... FARE AUGURI E CONGRATULAZIONI

Per un compleanno, onomastico, anniversario, ..	▶	**Buon compleanno!** **Buon onomastico!** **Buon anniversario!** **Auguri!**
Per una cosa importante già successa: laurea, esame, vittoria, vincita ...	▶	**Congratulazioni!** **Complimenti!** **Bravo!**
Per una cosa importante che deve ancora succedere: esame, operazione, colloquio di lavoro ...	▶	**Auguri!** **Buona fortuna!** **In bocca al lupo!**
Prima di un esame	▶	**In bocca al lupo!**

un santo al giorno...

- Daniela, quand'è il tuo onomastico?
~ Il 10 ottobre.

5 G	s.Giovanni
6 V	s.Bruno
7 S	s.Rosalia
8 D	s.Teresa
9 L	ss.Pietro e Paolo
10 M	s.Daniele
11 M	s.Carlo
12 G	s.Barbara

ATTIVITÀ

Ti trovi in una di queste situazioni. Raccontala ad un tuo compagno.
Lui dovrà farti gli auguri o le congratulazioni in modo appropriato.
Scambiatevi i ruoli ad ogni situazione.

Esempio:
- Lo sai che ho passato l'esame per
la patente A? Adesso posso guidare
la moto!
~ Ah, sì? Bravissimo! Congratulazioni!

▶ QL
3, 4,
5, 6

a²

Le parole dell'amore

innamorarsi

volere bene

amare

stare insieme

mettersi insieme

andare / stare dietro a qualcuno

prendere una cotta per qualcuno

mollarsi

lasciarsi

piantarsi

tradire

fare / mettere le corna

il ragazzo

la ragazza

▶ SG 1

▶ QL 7

Affari di cuore

Paolo e Teresa si erano messi insieme un mese fa.
Ora Teresa ha lasciato Paolo perché Paolo si è innamorato di Roberta.

Teresa telefona alla sua amica Sabrina.
Perché le telefona?
Che cosa decidono alla fine le due amiche?

COME FARE PER ...PRENDERE ACCORDI

Per darsi appuntamento:

- Ti va bene se ...   andiamo insieme?
                   ci vediamo una di queste sere?

- Come rimaniamo intesi?
- Come ci mettiamo d'accordo?

Per fare una proposta :

- Va bene
- Facciamo   verso le nove e mezza a casa tua?
- Ti va bene se ci vediamo

Per fare una proposta alternativa :

- Facciamo
- Non è / sarebbe meglio   un po' prima / dopo / più tardi?
- Non conviene

Per confermare gli accordi presi :

- Allora siamo d'accordo così.
- Allora rimaniamo intesi che ...

ATTIVITÀ

Proponi al tuo compagno di andare insieme in uno di questi posti.
Lui accetta la tua proposta.
Mettetevi d'accordo su:

- **quando e a che ora andare;**
- **dove e a che ora trovarvi;**
- **come andarci.**

Fatevi almeno due proposte ciascuno.

A quale di queste situazioni si riferiscono i quattro dialoghi?

a

b

c

d

COME FARE PER ... **SCUSARSI**

informale	Mi dispiace. Ti chiedo scusa. Scusami tanto. Scusa per ...
formale	Mi scusi. Le chiedo scusa. Ti volevo chiedere scusa per ... / perché ... Volevo / Devo scusarmi per ... / perché ...

... E RISPONDERE ALLE SCUSE

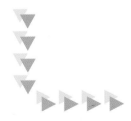

Non importa.
Non fa niente / nulla.
Pazienza.

ATTIVITÀ

Inventa dei dialoghi con il tuo compagno in queste situazioni:

Tu:
Rovesci senza farlo apposta la coca cola sulla camicia del tuo compagno.
Ti scusi.

Il tuo compagno:
Prima ti irriti.
Poi accetti le scuse.

Tu:
Sei arrivato in ritardo ad un appuntamento con il tuo compagno.
Ti scusi.

Il tuo compagno:
Rispondi alle scuse.

Tu:
Ieri sera dovevi telefonare al tuo compagno, ma non hai potuto.
Ti scusi.

Il tuo compagno:
Accetti le scuse ma fai capire che la cosa ti ha irritato.

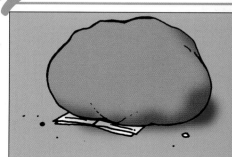

Tu:
Hai cancellato per errore un intero testo dal computer del tuo compagno.
Ti scusi e fai capire che ti dispiace molto.

Il tuo compagno:
Accetti le scuse, ma chiedi di aiutarti a riscriverlo.

non parliamone più

Mettiamoci una pietra sopra

Caro amore ti scrivo

14 febbraio, San Valentino. Si chiamavano "Valentini" i biglietti che gli innamorati si scambiavano in Inghilterra 600 anni fa. Poi sono arrivate le cartoline postali e il telefono, il fax, il computer. Oggi sono già 20 milioni nel mondo gli innamorati che si parlano via Internet.

Norman e Monique: novemila chilometri e nove fusi orari di distanza per una infuocata love story. Qualcuno li ha subito battezzati gli Abelardo ed Eloisa del terzo millennio. Trentaduenne lui, lavora a Los Angeles nel cinema; trentaseienne lei, parigina, creativa. Per tre anni si sono amati senza conoscersi, scrivendosi sino a una dozzina di e-mail al giorno, cioè desiderio, carezze, turbamenti, sospiri via Internet.

Il computer, con le sue autostrade elettroniche, sta facendo rinascere l'arte del corrispondere (anche se non più con carta e penna), messa in crisi dal telefono in tutte le sue forme, soprattutto il cellulare che permette agli innamorati di dirsi 'ti amo' (o 'ti odio') scovando il partner in qualunque angolo del pianeta e in qualunque momento del giorno e della notte. Norman e Monique ci rivelano che il bisogno di consegnare le nostre emozioni al foglio, alla parola scritta, continua ad esistere, pur facendo uso dei nuovi mezzi che la tecnologia ci mette a disposizione: fax, messaggi lasciati sul cellulare, Internet.

I giovani di oggi sono sicuramente più affascinati dal mouse che dalla stilografica; anche in questo, però, bisogna distinguere tra maschi e femmine: sono queste ultime che scrivono, i ragazzi rispondono a fatica o non rispondono per nulla. Quando ricevono una lettera, l'avvenimento è importante, questi teen agers hanno mantenuto il simbolo della lettera pur senza farne uso.

Ma vi sono anche altre forme di comunicazione amorosa scritta: oltre al millenario sport di passarsi sottobanco i bigliettini, insegnanti permettendo, la nuova abitudine, sempre più diffusa, tra compagni di scuola è lo scambio dei diari. Ognuno scrive sul diariodell'altro o dell'altra i pensieri d'amore che non solo vuole far arrivare ma anche far diventare 'proprietà' del partner. Una forma di comunicazione che poi, all'uscita dall'adolescenza, più nessuno userà. Il che non sorprende, perché lo strumento del rapporto d'amore per i giovani, oggi, non è più la parola scritta ma 'il parlato', l'andare in discoteca.

Nel frattempo, però, con Internet, è arrivato un paradiso - o un inferno - popolato da milioni o miliardi di Norman e Monique. Gli amanti tecnologici sono ormai centinaia e i potenziali, in tutto il mondo, almeno 20 milioni, tante sono le persone che dialogano via Internet.

Niente più passeggiate nel parco o avances nel buio dei cinema, quindi? I nuovi corteggiamenti non verranno sussurrati nelle orecchie tese dei probabili amanti, ma correranno lungo i cavi degli Internet providers, trasformandosi in bytes per tornare parole?

Secondo lo scrittore Giuseppe Salza, "la tecnologia non è inumana. Quello che conta è l'uso che noi facciamo della tecnologia". Parlarsi online, poi, è conveniente. Anche per le madri. Ma non solo. La posta elettronica è una via di mezzo tra la lettera e il telefono. Un messaggio elettronico viene composto, spedito e recapitato in qualche minuto.Eccovi allora come mandare messaggi d'amore in codice con Internet. Leggete la pagina rovesciandola in orizzontale.

:-) Sorrido	:-{} Ho il rossetto	>-I Un aperitivo
(-: Sono mancino	:'-) Sono così felice che piangerei	]-I Una coppa di champagne
0:-) Sono un angelo	;-) Ti faccio l'occhiolino	:*) Sono ubriaco
>:-> Sono un demonio	@-`,-`-- Ti regalo una rosa	:-* Ti do un bacio
:-O Oh!	)-I Un bicchiere di vino	<> Facciamo l'amore?

– Quando mi hai proposto di venire in barca, pensavo a una gita romantica...

Canzoni per amare meglio

I cantanti che si sono improvvisati consiglieri d'amore: 1. Giorgia. 2. I Pooh. 3. Vasco Rossi. 4. Pino Daniele.

Siete in crisi con il partner. Avvertite che nel vostro rapporto qualcosa non funziona. Oppure siete delusi e non sapete più bene che cosa significa amare. Allora, potreste rivolgervi a un vecchio amico o amica che la sa lunga. Soluzione scontata. Noi vi diamo qui la ricetta giusta dell'amore (per cuori infranti e appassionati) con l'aiuto della hit parade del maggio 1999. Ecco i suggerimenti degli idoli del momento.

Mai abbassare la guardia. Potrebbe essere pericoloso. È la tesi dei Pooh, in testa alle classifiche con una canzone dal titolo un po' inquietante, *Se balla da sola*. In cui tutti i maschi (ma il discorso vale anche per le femmine) sono invitati a non perdere d'occhio chi si ama. Cantano i Pooh: «Guarda la tua donna, se dorme o se si muove/guarda le cose che conserva, o le voglie nuove./Se parla da sola stalla a sentire». Spiega Roby Facchinetti, leader del gruppo: «Bisogna sempre osservare il partner, accorgersi se attraversa un periodo difficile, non dar mai nulla per scontato». Attenzione, però: senza soffocarlo di premure.

Vietato arrendersi. È il credo di Giorgia, cantato a gola spiegata, in *Voglio solo te* (tratta dal cd *Girasole*): «Amarsi non è facile/di ferite, sì ne avrai/e ancora ti innamorerai/il cuore non lo fermi mai». «Eh già» dice la cantante «nonostante le mille batoste prese, non bisogna mai smettere di cercare. Oltretutto, non è proprio possibile controllare i sentimenti». D'accordo con lei, ma più ottimista, Pino Daniele, che lancia un messaggio chiaro e semplice in due versi di *Alibi perfetto* (dal cd *Come un gelato all'equatore*): «Punta dritto al cuore/se vuoi vincere in amore».

Abbandonate l'orgoglio. Nel caso litigaste, consultate il cantautore Gatto Panceri in *Dove dov'è*: «Non fare quella faccia triste/non può finire tutto qui/e chi ha ragione non esiste». «All'interno della coppia» spiega Panceri «l'orgoglio va sempre messo da parte. Altrimenti è un disastro: in amore, infatti, si sbaglia sempre in due».

Fantasticare è importante. È il consiglio di Vasco Rossi in *Rewind* (dal cd omonimo). Canta: «Tu vai veloce come il vento/quante espressioni di godimento sul tuo volto» e afferma che vorrebbe rivedere al rallentatore ogni momento del rapporto con la sua ragazza. Spiega il rocker: «Io parlo di erotismo, ma anche la testa è importantissima. Ti permette di ricordare all'infinito le scene più belle di una passione».

Paolo Grugni

Prima che amanti diventate amici

Una profonda conoscenza reciproca e una profonda amicizia sono la chiave di un rapporto duraturo. Quanto solido è il rapporto con il tuo partner? Prova a rispondere a queste 15 domande e lo saprai.

1. Conosci i nomi dei migliori amici del tuo partner?
2. Sei a conoscenza degli stress a cui il tuo partner è sottoposto in questo momento?
3. Sai i nomi delle persone che negli ultimi tempi hanno irritato il tuo partner?
4. Puoi raccontare gli ultimi sogni che ha fatto il tuo partner?
5. Conosci intimamente le convinzioni religiose del tuo partner?
6. Sei in grado di descrivere a grandi linee la sua filosofia di vita?
7. Puoi fare la classifica dei parenti verso i quali il tuo partner nutre meno simpatia?
8. Conosci la musica preferita del tuo partner?
9. Sapresti citare almeno tre titoli di film preferiti dal tuo partner?
10. Sei a conoscenza dell'esperienza più spiacevole capitata al tuo partner nella sua infanzia?
11. Sapresti indicare le sue maggiori aspirazioni?
12. Sai che cosa farebbe il tuo partner se vincesse alla lotteria?
13. Puoi raccontare dettagliatamente quale fu la tua prima impressione la prima volta che lo hai incontrato?
14. Rivolgi quotidianamente al tuo partner domande che riguardano il suo mondo, la sua vita?
15. Ritieni che il tuo partner ti conosca a fondo?

Se hai risposto sì a più della metà delle domande, il tuo è un rapporto solido e sei a conoscenza di quello che fa piacere al tuo partner. Altrimenti, corri ai ripari: cerca di conoscerlo meglio se vuoi rendere più solido il vostro legame.

OROSCOPO

💜 a rischio **Amore** 💜💜 così così 💜💜💜 alla grande
🖥 a rischio **Studio** 🖥🖥 così così 🖥🖥🖥 alla grande
☀ a rischio **Salute** ☀☀ così così ☀☀☀ alla grande

Il segno favorito della settimana è evidenziato in neretto

Lei

Ariete 21/3-20/4
💜💜 Si annoia con il partner qualche Arietina di aprile. Romantici incontri per le nate di marzo. 🖥🖥🖥 Verso fine settimana risolverete un problema di insufficienza in una materia. Mostratevi più soft con un insegnante. ☀☀☀ Non trascurate l'esercizio fisico.

Toro 21/4-21/5
💜💜 Le nate di aprile si guardino da un corteggiatore bugiardo. Feeling nei ménage di maggio. 🖥🖥🖥 Lo studio va a gonfie vele, ma non accettate molti lavoretti nel tempo libero. Potrebbe distrarvi troppo. ☀☀☀ Finalmente torna ottima la tenuta psicofisica.

Gemelli 22/5-21/6
💜 Per paura o debolezza vi rifiutate di vedere cosa non funziona nel vostro rapporto a due. 🖥🖥 Se non programmate in tempo le vostre ore di studio, potrebbe poi essere troppo tardi. ☀☀☀ State chiedendo troppo al vostro fisico.

Cancro 22/6-22/7
💜💜 Se il vostro cuore batte per qualcuno, lasciate che faccia la prima mossa. Niente 🖥🖥 Perfezionate la conoscenza di una lingua straniera e dell'uso del computer. Niente scuse dovute alla pigrizia. ☀☀☀ Energie al top.

Leone 23/7-22/8
💜💜💜 Date al partner ampia libertà di movimento: è voi che ama. 🖥🖥🖥 Le nate di luglio sfruttano al meglio la loro dialettica per ottenere i massimi risultati. Successi anche per chi è di fine segno. ☀☀ Nulla di cui preoccuparsi.

Vergine 23/8-22/9
💜💜 Un'amicizia corre il rischio di incrinarsi. Scarse novità in amore. 🖥🖥 Non accanitevi troppo sui libri: prendetevi una mezza giornata per voi e andate a spasso o a vedervi un bel film. ☀☀ Forma psicofisica non brillante.

Bilancia 23/9-22/10
💜💜💜 Grande affiatamento nelle coppie. Dalla Luna una domenica magica per gli innamorati. 🖥🖥🖥 Da mercoledì chi vuole guadagnarsi qualche soldo può avere delle occasioni interessanti. ☀☀ L'umore non è dei più concilianti. Stanchezza.

Scorpione 23/10-21/11
💜💜💜💜 Chi è di ottobre può troncare una storia venuta a noia. Molto sensuali le nate di novembre. 🖥🖥🖥 Grandi successi martedì e mercoledì, grazie alla Luna. ☀☀☀ Grande energia psicofisica.

Sagittario 22/11-21/12
💜💜💜 L'età non conta se c'è l'amore. Il principe azzurro potrebbe essere più vecchio. 🖥🖥 Restano ancora sempre alcuni problemi da risolvere. Affrontateli con calma, chiedendo aiuto a chi ne sa di più. ☀☀☀ Energie in aumento.

Capricorno 22/12-21/1
💜💜 Vivrete l'amore con grande intensità. Sia al positivo che al negativo. 🖥🖥 Marte e Giove sempre dalla vostra parte. Grandi successi in vista, ma chi è di fine segno fatica di più per buoni risultati. ☀☀ Domenica malinconica: svagatevi.

Acquario 22/1-19/2
💜💜 Apprezzate il lato positivo delle cose, soprattutto in amore. E tenete a bada la gelosia. 🖥🖥 Martedì difficili con un'amica di scuola e con i compagni in generale. Siate più tolleranti. ☀☀ Più scattanti le nate di gennaio.

Pesci 20/2-20/3
💜💜 Rimandate una decisione in campo sentimentale. Avrete le idee confuse. 🖥🖥 Niente aspirazioni troppo grandiose, meglio essere realiste e mirare alla sufficienza. ☀☀ Siate pronti a un calo di energia vitale.

Lui

Ariete
💜💜 Una certa persona sta prendendo le distanze da voi. Fate qualcosa o la perderete. 🖥🖥 Chi è di aprile manca di concentrazione. Successi scolastici per gli Arieti di marzo. ☀☀ Mangiate in modo più equilibrato.

Toro
💜💜 Coccole e appoggio reciproco rafforzano i rapporti, anche quelli appena iniziati. 🖥🖥🖥 Programmate un'interrogazione alla fine della settimana. ☀☀ Possibili malanni da freddo per qualcuno.

Gemelli
💜💜 Partner e amici si sentono, a ragione veduta, trascurati da voi. Pensate di più agli altri. 🖥🖥 Occhio agli incidenti e ai furti se avete in previsione una gita scolastica. ☀☀ Vi sentite un po'sottotono.

Cancro
💜💜 Può avere problemi familiari chi è del 21 luglio. Agli altri le cose vanno bene. E nel tempo libero, largo agli hobby preferiti. 🖥🖥 Lavorerete bene: con impegno, ma senza strafare. ☀☀ Domenica oziate pure senza rimorsi.

Leone
💜💜 Qualcuno giocherà una partita sulla scacchiera dell'amore. E potrebbe vincerla. 🖥🖥 Con Venere nel segno, dovrebbe risolversi un problema di vecchia data. ☀☀ Combattere la tendenza al pessimismo.

Vergine
💜💜 Qualcuno si sente soffocato dai doveri familiari. O da una love story che non funziona. 🖥🖥 Lo studio è pesante, i rapporti con i compagni non sempre facili. Sta meglio chi è di fine segno. ☀☀ Disturbi psicosomatici all'apparato digerente.

Bilancia
💜💜💜 Un incontro fatale può sconvolgere la vita di un single. Con la partner tutto bene. 🖥🖥 Saturno pesa sulle spalle di chi è nato verso il 22 ottobre. ☀☀ Concedetevi qualche peccato di gola.

Scorpione
💜💜 Troverete argomenti persuasivi per conquistare una fanciulla. 🖥🖥🖥 Migliorano improvvisamente, specie se siete di novembre, i rapporti con un professore. ☀☀☀ Lo stato d'animo è a dir poco idilliaco.

Sagittario
💜💜 Dedicate più tempo a chi vi ama davvero. E lasciate stare le avventure di una notte. 🖥🖥 Anche se la fortuna inizia a girare dalla vostra parte, non contateci troppo. ☀☀ Cercate di riposare di più.

Capricorno
💜💜 Un nuovo interesse sentimentale può mettere in crisi qualche Capricorno accasato. 🖥🖥 Se siete insoddisfatti parlate chiaro con gli insegnanti: fa male tenersi dentro le cose, e sarete capiti più di quello che pensate. ☀☀ E' buona la forma fisica.

Acquario
💜💜 Un'amicizia può trasformarsi in amore. Ma può succedere anche il contrario. 🖥🖥 Non avete bisogno dei consigli altrui. Saprete gestire benissimo da soli il tempo dedicato allo studio. ☀☀ Recuperate le ore di sonno perse.

Pesci
💜💜 Smettete di fare i vostri comodi, senza preoccuparvi della persona cara. 🖥🖥 Starete meglio, e otterrete migliori risultati, se in questo periodo studierete da soli e non con i compagni. ☀☀ Vi sentite un po'giù di corda.

L'ITALIA IN CIFRE

ogni mille coppie

	NORD	SUD E ISOLE
Separazioni	5	2.7
Divorzi	4	1.2

Le regioni con i matrimoni più a rischio
ogni mille coppie

Valle d'Aosta
Separazioni 6
Divorzi 6.2

Friuli Venezia Giulia
Separazioni 5.5
Divorzi 3.5

Lombardia
Separazioni 5.2
Divorzi 3

Le regioni con i matrimoni più lunghi
ogni mille coppie

Calabria
Separazioni 1.7
Divorzi 1

Basilicata
Separazioni 2
Divorzi 1

Molise
Separazioni 2.2
Divorzi 1

C'ERAVAMO TANTO AMATI

DIVORZI & SEPARAZIONI

Separazioni '97 60.281
Separazioni '7 33.807

Divorzi '97 33.342
Divorzi 14.640

DOPO UN MATRIMONIO CIVILE...
in % sul totale

Separazioni 10.903 (18.1%)
Divorzi 6.127 (18.4%)

...E DOPO UN MATRIMONIO RELIGIOSO
in % sul totale

Separazioni 49.378 (81.9%)
Divorzi 27.215 (81.6%)

DURATA MEDIA DEL MATRIMONIO

Al momento della separazione 12
Al momento del divorzio 16

I FIGLI COINVOLTI

Nelle separazioni 65.727
Nei divorzi 28.593

Minori affidati alla madre dopo la separazione 83%

Oh, Paperina, tu sei dolce più dell'uva spina! Oh, Paperina mia preferita, tu sei lo zucchero di tutta la mia vita! Oh, eccetera, eccetera...

Ehm... Paperino, tesoro! Non vuoi proprio che torniamo dentro a ballare?

▶ SG 3, 4

▶ QL Incontri

sezione 3 **SALUTE!**

IN QUESTA SEZIONE IMPARERAI A:

- PARLARE DEL TUO STATO DI SALUTE
- ORGANIZZARE UN RACCONTO

Guarda e leggi questo testo.
Qual è il suo scopo?
A che cosa serve il Bronchenolo?

Renato non sta molto bene. Ascolta i due dialoghi e cerca di capire che cos'ha esattamente.

QL 1

QL
2, 3, 4

COME FARE PER... **PARLARE DEL PROPRIO STATO DI SALUTE**

Come stai? Che cos'hai? Che cosa ti senti? Come ti senti?	Sono ...	raffreddato influenzato	
	Mi sento...	male / bene	
	Ho mal di... Mi fa male la ... Mi fanno male i...		testa gola pancia denti ...
	Ho...	la febbre il raffreddore l'influenza la sinusite	
		Ora sto meglio. Sono guarito.	

▶ **SG**
1, 2

il nostro corpo

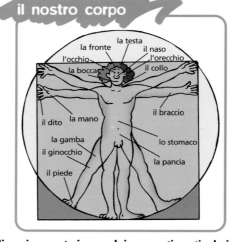

la testa
la fronte · il naso
l'occhio · l'orecchio
la bocca · il collo
il braccio
il dito · la mano
la gamba · lo stomaco
il ginocchio · la pancia
il piede

e se sono più di uno...

Attenzione!

la mano	➡	le mani
il braccio	➡	le braccia
l'orecchio	➡	le orecchi
il dito	➡	le dita

ATTIVITÀ

a. **Chiedi al tuo compagno di venire con te in uno dei seguenti posti: al cinema; in pizzeria; in discoteca; alla fest**
b. **Il tuo compagno ti risponde che non può perché non sta bene.**
c. **Tu gli chiedi che cos'ha.**
d. **Lui ti risponde secondo uno dei disegni qui sotto.**

Scambiatevi i ruoli ad ogni disegno.

▶ **QL**
5, 6,
7, 8

Guarda la copertina di questo libretto.
Per chi può essere interessante leggerlo?
Quali informazioni pensi di trovarci?

Ora leggi l'introduzione del libretto.

ACNE: COMBATTIAMOLA!

Acne e brufoli: che brutte bestie! Ma, cari ragazzi e ragazze, non isolatevi, non intristitevi e non depri-metevi. Primo, perché l'acne si può combattere e tenere a bada molto bene. Secondo, perché non siete soli come credete. Anche se chi ha la faccia "fiorita" pensa di essere l'unico tapino con questo problema, in realtà almeno l'80% dei giovani tra i 12 e i 20 anni ha una forma più o meno grave di acne.

Già, ma che cos'è l'acne? È una malattia della pelle (sì, una vera e propria malattia, anche se assolutamente non grave), caratterizzata da diversi tipi di "elementi" che compaiono soprattutto al viso e alle spalle: i famosi "brufoli" (da cui l'orribile soprannome 'Brufolo Bill'), i punti bianchi e i punti neri. Se la pelle è il campo di battaglia, l'acne è il nemico da combattere. E allora via, leggete come imparare a sconfiggerla!

Riccarda Serri
Specialista in Dermatologia
Fondazione Pro Ricerca Dermatologica

Ecco ora i consigli che compaiono nelle ultime pagine del libretto.

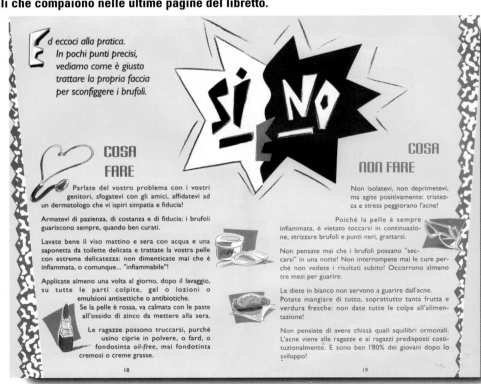

Ed eccoci alla pratica. In pochi punti precisi, vediamo come è giusto trattare la propria faccia per sconfiggere i brufoli.

SÌ NO

COSA FARE

Parlate del vostro problema con i vostri genitori, sfogatevi con gli amici, affidatevi ad un dermatologo che vi ispiri simpatia e fiducia!

Armatevi di pazienza, di costanza e di fiducia: i brufoli guariscono sempre, quando ben curati.

Lavate bene il viso mattino e sera con acqua e una saponetta da toilette delicata e trattate la vostra pelle con estrema delicatezza: non dimenticate mai che è infiammata, o comunque... "infiammabile"!

Applicate almeno una volta al giorno, dopo il lavaggio, su tutte le parti colpite, gel o lozioni o emulsioni antisettiche o antibiotiche.
Se la pelle è rossa, va calmata con le paste all'ossido di zinco da mettere alla sera.

Le ragazze possono truccarsi, purché usino cipria in polvere, o fard, o fondotinta *oil-free*, mai fondotinta cremosi o creme grasse.

COSA NON FARE

Non isolatevi, non deprimetevi, ma agite positivamente: tristezza e stress peggiorano l'acne!

Poiché la pelle è sempre infiammata, è vietato toccarsi in continuazione, strizzare brufoli e punti neri, grattarsi.

Non pensate mai che i brufoli possano "seccarsi" in una notte! Non interrompete mai le cure perché non vedete i risultati subito! Occorrono almeno tre mesi per guarire.

Le diete in bianco non servono a guarire dall'acne. Potete mangiare di tutto, soprattutto tanta frutta e verdura fresche: non date tutte le colpe all'alimentazione.

Non pensiate di avere chissà quali squilibri ormonali. L'acne viene alle ragazze e ai ragazzi predisposti costituzionalmente. E sono ben l'80% dei giovani dopo lo sviluppo!

18   19

► QL
12, 13

► QL
14, 15

Ascolta la telefonata che Piera fa a suo padre. Cerca di capire dove si trova Piera e perché.

Piera racconta al padre che cosa è successo. Cerca di ricostruire la storia e di capire come ha fatto Serg a farsi male.

COME FARE PER... **ORGANIZZARE UN RACCONTO**

Prima siamo passati in agenzia, **poi/dopo** siamo andati alla fermata dell'autobus. **Prima di andare** a casa, siamo passati in agenzia. **Dopo essere passati** in agenzia, siamo andati alla fermata dell'autobus.	**prima ... poi... / dopo** **prima** **dopo**
Mentre eravamo sull'autobus, abbiamo visto ..... **Nel frattempo** il ladro si era spostato vicino all'uscita. **Intanto** il lardo era saltato giù. **Proprio in quel momento** è arrivato un motorino / stava passando un motorino.	**mentre** **nel frattempo...** **intanto...** **in quel momento ....**
A un certo punto Sergio si è accorto che ... Stavamo per scendere, **quando** Sergio ha visto che il ladro ci stava riprovando. **Allora** si è messo a gridare. Non ha fatto in tempo a frenare e **così** lo ha preso in pieno.	**a un certo punto ...** **....., quando ...** **allora ...** **... e così ...**
Alla fine siamo dovuti venire al pronto soccorso.	**alla fine ...**

► SG
3, 4, 5

Raccontate per ogni vignetta quello che secondo voi è successo prima e quello che è successo dopo. Poi confrontate i vostri racconti con quelli degli altri compagni.

Esempio:
Prima il ragazzo ha messo la sedia sopra al tavolo, poi è salito sopra la sedia. Ma proprio in quel momento è entrato qualcuno nella stanza, allora il ragazzo ha perso l'equilibrio ed è caduto.

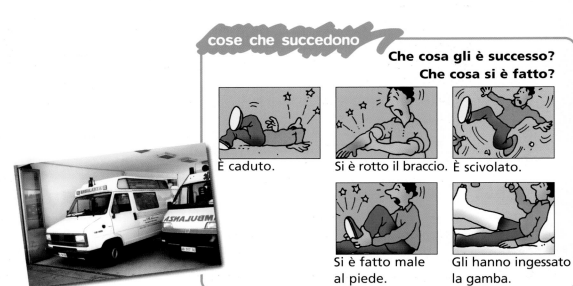

cose che succedono

Che cosa gli è successo?
Che cosa si è fatto?

È caduto.　Si è rotto il braccio.　È scivolato.

Si è fatto male al piede.　Gli hanno ingessato la gamba.

Decalogo per vivere a lungo

1. **Astenersi dal fumo:** i non fumatori vivono in media 5-8 anni più dei fumatori. Evitare anche il fumo passivo.

2. **Assumere alcol con moderazione:** a piccole dose (un quarto di litro di vino al giorno) protegge le arterie.

3. **Programmare un esercizio fisico:** (camminare a passo sostenuto, andare in bicicletta, nuotare) almeno 30 minuti 3-4 volte la settimana.

4. **Controllare il peso:** l'indice di massa corporeo ideale per l'anziano è di 26 (si ottiene dividendo il peso in chili per il quadrato dell'altezza in metri).

5. **Ridurre i grassi nella dieta:** quelli di origine animale aumentano il colesterolo e favoriscono la comparsa dell'aterosclerosi.

6. **Aumentare il consumo di frutta e verdura** e usare lo zucchero con moderazione

7. **Ridurre il contenuto di sodio nella dieta:** (favorisce l'ipertensione arteriosa) e aumentare quello di calcio (previene l'osteoporosi).

8. **Evitare l'eccessiva esposizione al sole,** che può causare rughe e lesioni anche gravi.

9. **Sottoporsi a controlli medici periodici.**

10. **Evitare l'uso eccessivo di farmaci,** che si accumulano nell'organismo.

UN PAESINO IN PERFETTA FORMA

A Campodimele, in provincia di Latina, 800 abitanti circa, vivono una novantina di persone tra i 75 e i 90. Quasi tutti in buona salute. Tanto che il paese è diventato celebre tra gli studiosi che si occupano di longevità e invecchiamento. I supervecchi di Campodimele un segreto ce l'hanno: il loro stile di vita. Fanno esercizio fisico (anche perché il paese è pieno di salite e discese), mangiano in modo sano ed equilibrato, nessuno di loro è obeso, hanno una vita cadenzata secondo orari molto regolari, vivono in famiglia e possiedono un carattere sereno.

Erbe contro lo stress

Gli oli essenziali di certe erbe hanno uno straordinario effetto tonificante antistress. I magici due del rilassamento: basilico e zafferano, provate ad assumere 2, 3 gocce su uno zuccherino ogni mattina.

TRE VOLTE AL GIORNO

... in piedi lavandovi i denti bilanciatevi sulla punta dei piedi. Un eccellente allenamento per i polpacci, senza perdite di tempo.

Effetto massaggio con l'acqua

aerobics

L'"acqua-aerobics" è un vero sport "2 in 1".
1• Correre e saltellare contro la resistenza dell'acqua è un allenamento efficace per i muscoli.
2• Attraverso l'effetto massaggio dell'acqua, la pelle si tonifica. Perfetto contro la cellulite! E tutto in condizioni di basso impatto sulle articolazioni (importante in caso di sovrappeso o di traumi).

Hula hoop: che vita

Bastano cinque minuti al giorno per il miracolo

Non solo è divertente, ma modella le forme, migliora il portamento e aumenta la sicurezza nel proprio corpo: fate girare con forza l'anello di gomma per cinque minuti. Per principianti: poggiare il cerchio contro la schiena all'altezza della vita, concentrarsi sul centro (ombelico) e oscillare, oscillare, oscillare. Allenarsi alla mattina per stimolare la circolazione di buon ora.

Una cicca per schiarirsi le idee

Le gomme da masticare allenano le cellule grigie. Attraverso la masticazione vengono attivate e irrorate di sangue vaste zone del cervello. Meglio senza zucchero o con Xylit, supereffetto anticarie.

Chi fuma due pacchetti al giorno vive sette anni in meno

I dati dell'Organizzazione mondiale della sanità sul tabacco sono più allarmanti del previsto. Ma circolano ancora troppi alibi

«Il medico mi ha detto di smettere di fumare. Vivrò sette giorni di più. Ma in quei giorni pioverà». Con questa battuta Woody Allen ironizzava anni fa sulle manie salutiste degli americani, diventati «proibizionisti» del fumo. Ma l'Organizzazione mondiale della sanità, in una campagna lanciata in questi giorni, avverte che non c'è da scherzare. Stando alle statistiche, i forti fumatori «bruciano» non sette anni di vita ma sette anni. E in sette anni i giorni di sole sono tanti...

Risarcimento. Ormai sui d...

I rischi della sigaretta secondo l'Oms

- Sette anni di vita in meno rispetto ai non fumatori.
- Il rischio di tumore al polmone aumenta di 22 volte per gli uomini e di 12 per le donne.
- Il rischio di bronchiti ed enfisema polmonare aumenta di 10 volte.
- Dopo i quarant'anni il rischio di infarto triplica.
- Il rischio di ipertensione raddoppia.

Dati statistici dell'Organizzazione mondiale della Sanità (Oms) sui danni del fumo

Super al mattino

Spremonata purificante
Bevete lentamente un bicchiere di acqua calda con il succo di 1/2 limone ogni mattina a stomaco vuoto (meglio se prima delle otto!).
Purifica il fegato e mette in moto la disintossicazione.

FIORI DI BACH

Influiscono sull'umore e non hanno effetti collaterali: 3 gocce di essenza sulla lingua, due o tre volte al giorno, oppure 5 gocce in un litro e mezzo d'acqua da bere nel corso della giornata. O ancora, provate a metterne una goccia sui polsi, come fosse profumo. Chiedete all'esperto quale è il più adatto per voi.

Giù le mani da soia e liquirizia

Abbuffate serali con pizza, cracker al formaggio, liquirizia, salsa di soia (per esempio con la cucina cinese), e la mattina dopo ci si ritrova con gli occhi gonfi e le occhiaie. Motivo: contengono molto sale che trattiene i liquidi. Risultato: si dorme male e ci si sente, ma soprattutto si diventa, gonfi. Allungate la salsa di soia con acqua, evitate liquirizia e cracker e se proprio andate in pizzeria, accompagnate la pizza con molta acqua minerale naturale.

L'ALLEGRIA
ENTRA IN OSPEDALE

Ridere fa bene, al punto da essere quasi una terapia in sé. I benefici dell'allegria sono talmente evidenti che è stato istituito a Firenze il primo corso per clown-dottori. Le lezioni sono aperte a laureati in discipline umanistiche, e mirano a formare figure preposte a portare il buon umore in corsia.

Rilassamento mentale: ...e il problema non c'è più

Vi è difficile riuscire a staccare la spina? Questo esercizio mentale può essere la soluzione giusta: immaginate il problema che vi assilla sia una bolla di sapone. È grande e tonda e nell'aria. Nel pensiero prendete un ago appuntito e fate scoppiare la bolla. Più spesso vi esercitate, migliore sarà il risultato.

Un GRIDO di rabbia

Non aspettate fino a quando la vostra ira si accumula per poi esplodere con eruzioni e lapilli. Abbiate il coraggio e gridate con tutta l'anima. Non ci riuscite? Allora provate mentre siete in macchina in un autolavaggio, soli sotto schiuma e spazzoloni. Un vero toccasana.

Studio e lavoro

unità

cinque 5

unità 5
Studio e lavoro

IN QUESTA SEZIONE IMPARERAI A:

- INFORMARTI SULLO STATO D'ANIMO DI QUALCUNO
  E PARLARE DEL TUO STATO D'ANIMO
- CHIEDERE E OFFRIRE AIUTO

Leggi il titolo del seguente documento.
Di che tipo di testo si tratta? A chi può interessare soprattutto?

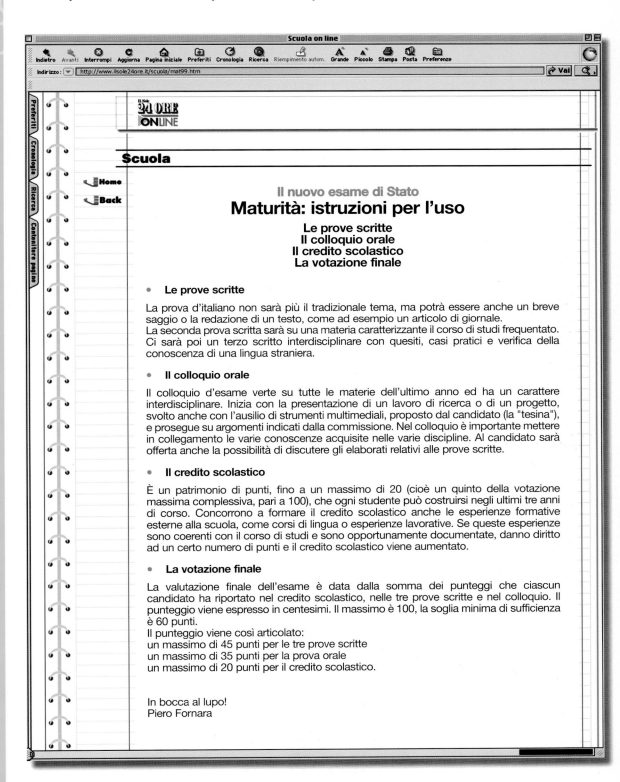

Scuola on line

Indirizzo: http://www.ilsole24ore.it/scuola/mat99.htm

Il Sole 24 ORE ONLINE

Scuola

Home
Back

Il nuovo esame di Stato
Maturità: istruzioni per l'uso
Le prove scritte
Il colloquio orale
Il credito scolastico
La votazione finale

Le prove scritte

La prova d'italiano non sarà più il tradizionale tema, ma potrà essere anche un breve saggio o la redazione di un testo, come ad esempio un articolo di giornale.
La seconda prova scritta sarà su una materia caratterizzante il corso di studi frequentato. Ci sarà poi un terzo scritto interdisciplinare con quesiti, casi pratici e verifica della conoscenza di una lingua straniera.

Il colloquio orale

Il colloquio d'esame verte su tutte le materie dell'ultimo anno ed ha un carattere interdisciplinare. Inizia con la presentazione di un lavoro di ricerca o di un progetto, svolto anche con l'ausilio di strumenti multimediali, proposto dal candidato (la "tesina"), e prosegue su argomenti indicati dalla commissione. Nel colloquio è importante mettere in collegamento le varie conoscenze acquisite nelle varie discipline. Al candidato sarà offerta anche la possibilità di discutere gli elaborati relativi alle prove scritte.

Il credito scolastico

È un patrimonio di punti, fino a un massimo di 20 (cioè un quinto della votazione massima complessiva, pari a 100), che ogni studente può costruirsi negli ultimi tre anni di corso. Concorrono a formare il credito scolastico anche le esperienze formative esterne alla scuola, come corsi di lingua o esperienze lavorative. Se queste esperienze sono coerenti con il corso di studi e sono opportunamente documentate, danno diritto ad un certo numero di punti e il credito scolastico viene aumentato.

La votazione finale

La valutazione finale dell'esame è data dalla somma dei punteggi che ciascun candidato ha riportato nel credito scolastico, nelle tre prove scritte e nel colloquio. Il punteggio viene espresso in centesimi. Il massimo è 100, la soglia minima di sufficienza è 60 punti.
Il punteggio viene così articolato:
un massimo di 45 punti per le tre prove scritte
un massimo di 35 punti per la prova orale
un massimo di 20 punti per il credito scolastico.

In bocca al lupo!
Piero Fornara

ESAMI DI STATO 1998/99
PROVA SCRITTA DI ITALIANO
TEMA DI ORDINE GENERALE

Numerosi bisogni della società trovano oggi una risposta adeguata grazie all'impegno civile e al volontariato di persone, in particolare di giovani, che, individualmente o in forma associata e cooperativa, realizzano interventi integrativi o compensativi di quelli adottati da Enti Istituzionali.
Quali, secondo te, le origini e le motivazioni profonde di tali comportamenti?
Affronta la questione con considerazioni suggerite dal tuo percorso di studi e dalle tue personali esperienze.

Durata massima: 6 ore
È consentito solo l'uso del dizionario italiano.
Non è consentito lasciare l'istituto prima che siano trascorse 2 ore.

Cristina ha diciannove anni e alla fine dell'anno scolastico ha l'esame di Stato.
Come si sente Cristina secondo te?
Ascolta quello che dice a sua sorella Anna.

▶ **QL**
4, 5

COME FARE PER ...   **INFORMARSI SULLO STATO D'ANIMO DI QUALCUNO E PARLARE DEL PROPRIO STATO D'ANIMO**

Come va?
Che cos'hai?
Come ti senti?

Oggi sono / mi sento ...

di buon umore
su di morale
contento
allegro
sereno
tranquillo
rilassato
ottimista

Oggi sono / mi sento ...

di cattivo umore
giù (di morale)
infelice
triste
angosciato
agitato
stressato
pessimista

Accidenti! Oggi sei proprio...

arrabbiato
nero
musone

ho un problema che...

mi preoccupa
mi fa paura
mi angoscia
mi fa arrabbiare
mi spaventa
mi stressa

ATTIVITÀ

**Chiedi a un compagno come si sente in queste situazioni.
Poi lui lo chiede a te.**

- Avere un compito in classe
- Svegliarti troppo presto la mattina
- Aspettare i risultati degli esami
- Organizzare una festa a casa tua per 20 persone
- Fare conoscenza con un ragazzo / una ragazza che ti piace
- Il primo giorno di scuola
- L'ultimo giorno di scuola
- Andare in vacanza
- Fare bel tempo
- Piovere
- Nevicare d'inverno
- Perdere l'autobus

Esempio:
- Come ti senti quando hai un compito in classe?
~ Sono molto agitato, soprattutto per i compiti di inglese; e tu?
- Se ho studiato, sono ottimista, se no, mi sento agitato anch'io.

- Come ti senti quando ti svegli troppo presto la mattina?
~ Beh, sono contento che posso dormire ancora un po'. E tu?
- Io mi sento di cattivo umore, ho proprio la giornata rovinata!

▶ QL
6, 7, 8

Ⓑ

Perché sono importanti i colori secondo questo articolo?

In SINTONIA con l'anima

Per sfruttare al meglio l'uso quotidiano del colore, ci si può ispirare alla cromoterapia, una tecnica della medicina naturale che assegna ad ogni colore il potere di risvegliare dentro di noi energie diverse, in grado di influenzare le nostre emozioni e la nostra carica vitale. Questi gli effetti dei colori di base sulla psiche.

- Il rosso agisce come stimolante e dispensa una forte carica di energia.
- L'arancione dà calore, aiuta a recuperare entusiasmo e vitalità.
- Il giallo attiva le facoltà intellettive e tonifica il sistema nervoso.
- Il verde ha effetti calmanti e benefici sulle persone eccitabili.
- Il viola stimola il rilassamento.
- Il blu è il colore della tranquillità e della calma interiore, riduce gli stati ansiosi e le tensioni.

▶ QL
9, 10

Perché questi ragazzi hanno scritto alla bacheca del sito degli studenti italiani?

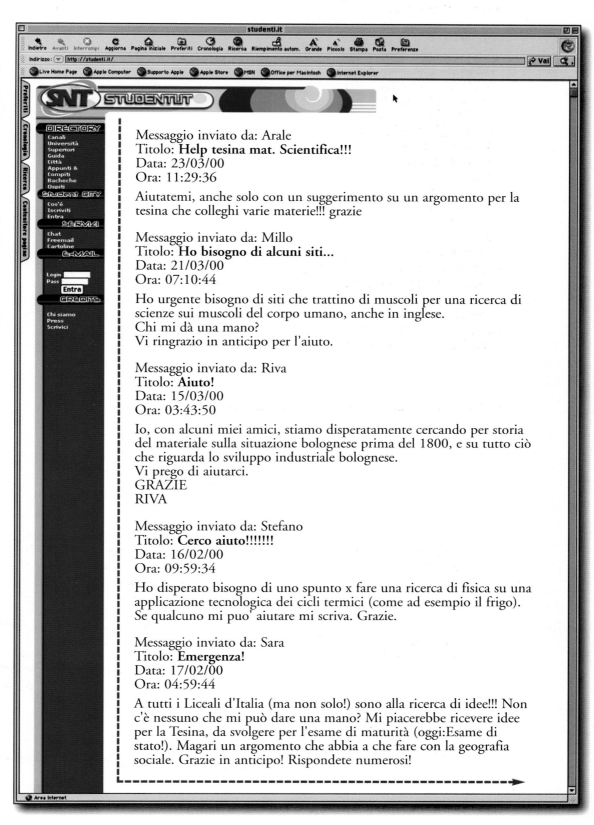

studenti.it

Messaggio inviato da: Arale
Titolo: **Help tesina mat. Scientifica!!!**
Data: 23/03/00
Ora: 11:29:36

Aiutatemi, anche solo con un suggerimento su un argomento per la
tesina che colleghi varie materie!!! grazie

Messaggio inviato da: Millo
Titolo: **Ho bisogno di alcuni siti...**
Data: 21/03/00
Ora: 07:10:44

Ho urgente bisogno di siti che trattino di muscoli per una ricerca di
scienze sui muscoli del corpo umano, anche in inglese.
Chi mi dà una mano?
Vi ringrazio in anticipo per l'aiuto.

Messaggio inviato da: Riva
Titolo: **Aiuto!**
Data: 15/03/00
Ora: 03:43:50

Io, con alcuni miei amici, stiamo disperatamente cercando per storia
del materiale sulla situazione bolognese prima del 1800, e su tutto ciò
che riguarda lo sviluppo industriale bolognese.
Vi prego di aiutarci.
GRAZIE
RIVA

Messaggio inviato da: Stefano
Titolo: **Cerco aiuto!!!!!!!**
Data: 16/02/00
Ora: 09:59:34

Ho disperato bisogno di uno spunto x fare una ricerca di fisica su una
applicazione tecnologica dei cicli termici (come ad esempio il frigo).
Se qualcuno mi puo' aiutare mi scriva. Grazie.

Messaggio inviato da: Sara
Titolo: **Emergenza!**
Data: 17/02/00
Ora: 04:59:44

A tutti i Liceali d'Italia (ma non solo!) sono alla ricerca di idee!!! Non
c'è nessuno che mi può dare una mano? Mi piacerebbe ricevere idee
per la Tesina, da svolgere per l'esame di maturità (oggi:Esame di
stato!). Magari un argomento che abbia a che fare con la geografia
sociale. Grazie in anticipo! Rispondete numerosi!

▶ QL 13

C²

Ascolta questi minidialoghi e cerca di capire di che cosa hanno bisogno questi ragazzi.

COME FARE PER ... CHIEDERE AIUTO...

Mi fai / fate / fa Ti / Vi / Le posso chiedere Mi faresti / fareste / farebbe	un favore?

Ti / Vi / Le dispiace	aiutarmi darmi una mano	a	fare i compiti, compilare questa scheda,	per favor
Mi puoi / potete / può Potresti / potreste/ potrebbe	aiutare dare una mano			

Sì, volentieri. Certo.	Mi dispiace, ma ...

... E OFFRIRE AIUTO

Vuoi / Vuole che	ti / La aiuti ti / Le dia una mano	a	spostare quei banchi? telefonare a tutti?
Ti / Le serve	una mano un aiuto		
Ti / La posso Ti / Le posso	aiutare dare una mano		

Sì, grazie. Sì, grazie, molto gentile. Sì, grazie, volentieri.	No, grazie. No, grazie, non c'è bisogno.

▶ SG 2

**Il tuo compagno va a studiare all'Università di Padova e ha trovato una stanza dove abitare.
Ora deve trasferirsi e deve perciò fare una serie di cose:**

- Vuole portare il suo letto nella nuova stanza.
- I libri devono stare in uno scatolone per il trasporto.
- Ha deciso di costruirsi da solo una libreria.
- Bisogna ancora scrivere i biglietti a tutti gli amici per comunicare il nuovo indirizzo.

Offri il tuo aiuto al tuo compagno usando il maggior numero possibile delle espressioni che hai appena visto. Lui dovrà decidere se accettare o rifiutare.
Scambiatevi i ruoli a metà esercizio.

TIVITÀ2

QL 14

Pensa a quello che devi fare per la scuola in questa settimana. Scegli cinque cose per le quali puoi farti aiutare dal tuo compagno. Lui dovrà dirti se può aiutarti o no.
Poi il tuo compagno farà lo stesso con te.

Esempio: - Per mercoledì devo fare una ricerca sulla rivoluzione industriale.
Potresti darmi una mano?
~ Sì, volentieri. / Mi dispiace, ma per mercoledì anch'io ho molto da studiare.

Credi che i consigli di questo articolo ti potrebbero servire?

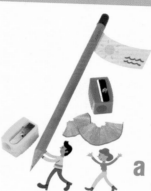

Volete "imparare a imparare"? Dimenticate formule e nozioni. "Non vi stiamo suggerendo di mandare in pensione i libri di testo, ma di integrarli con altre esperienze" dice Franco Frabboni, docente di pedagogia all'Università di Bologna. "Un problema di molti ragazzi, per esempio, è la difficoltà a capire e memorizzare cose che sembrano lontane dalla realtà di oggi. Capita spesso con la storia e la filosofia". Ma per renderle più vive basta poco: vediamo alcune strategie alternative per imparare.

a scuola senza fatica

italiano

● Leggete libri di scrittori diversi concentrandovi anche sulla struttura del testo. Poi provate a scrivere il tema con lo stile di un autore che vi è piaciuto. Sperimentare scritture diverse insegna a fare più attenzione alla struttura della frase. Troverete il vostro stile. ● Il professore vi rimprovera perché avete un vocabolario povero? Ecco un esercizio-gioco per imparare ad usare sinonimi e contrari: prendete una poesia di un autore famoso e divertitevi a riscriverla 'a rovescio' (sostituendo ogni parola con il suo contrario). Poi provate anche a riscriverla tutta con dei sinonimi. ● C'è un sito Internet utile per chi ha problemi con i temi, http://www.infonet.it/webwriters. Qualcuno inventa l'inizio di un racconto e gli altri devono continuarlo.

lingue straniere

● Divertitevi a scoprire cosa dicono i testi delle vostre canzoni inglesi preferite. Per quelle rock potete collegarvi al sito Internet www.ubl.com. ● Trovatevi un amico di penna. Magari telematico. Andate al sito degli incontri www.hotmail.com.

matematica

Http://www.sns.it/html/OltreIlCompasso/Mostra-Matematica/home.html è una mostra virtuale di giochi matematici organizzata dall'Università Normale di Pisa. Si trovano i principali problemi matematici risolti nel corso della storia. Un modo semplice per mandare a memoria teoremi e dimostrazioni.

storia

● Il trucco per imparare ad amare la storia è diventarne i protagonisti. Per esempio scrivendo una lettera o un articolo giornalistico come se viveste nel periodo che state studiando. ● Un altro metodo molto efficace è dividere la classe in due gruppi e chiedere ad ognuno di fare una ricerca sullo steso avvenimento storico, ma da due punti di vista diversi. Per esempio, raccontando la seconda guerra mondiale vista dai fascisti e dai comunisti.

QL
15, 16

Figura 2

Popolazione e istruzione

Livello di istruzione della popolazione per classe di età. Composizione percentuale

(Dati Istat)

25-34 anni
35-64 anni

Laurea 9.0 8.4
Maturità 34.8 19.0
Qualifica professionale 7.6 4.8
Licenza media 42.6 31.3
Licenza elementare o nessun titolo 36.5 6.0

LA CONTROGUIDA

La "Controguida" è una guida autoprodotta da studenti nelle facoltà, da quelli che navigano su Studenti.it, da associazioni studentesche. Contiente tutte le informazioni per iscriversi e vivere all'università: burocrazia, borse di studio, alloggio, solo informazioni da studente a studente. La "Controguida" è edita dall'Unione degli Universitari e da Studenti.it. E' l'unica in Italia. Ne stampiamo ogni anno oltre 200.000 copie diffuse tramite banchetti gestiti dai militanti del sindacato studentesco. E' divisa in una parte nazionale e in una parte locale, sono oltre 180 pagine zeppe di informazioni, orientamento, trucchi, consigli, leggi e opportunità. Costa solo 5000 lire più le spese di spedizione. Esistono edizioni locali di oltre venti città. Per comprare la Controguida edizione 2001 scrivi a: info@studenti.it, oppure telefona allo 06-44265625, dalle ore 12 alle ore 18, da lunedì a venerdì.

Care matricole...

Avere successo all'università spesso significa cavarsela il primo anno, quando intorno a voi matricole c'è tanto anonimato e incertezza. E' per questo che l'Unione degli Universitari organizza ogni anno per tutti gli studenti e in particolare per le matricole dei punti di informazione e di accoglienza, in cui viene distribuito del materiale informativo e questa controguida. Lo scopo ? Permettere ai nuovi arrivati di capire il funzionamento dell'università, l'organizzazione degli studi, il metodo di lavoro migliore e soprattutto come evitare scogli noti solo agli studenti degli anni superiori.
Anche la socializzazione fra studenti è un aspetto molto importante. Infatti sono gli studenti degli anni più avanti che vi possono dare quei preziosi consigli che non si trovano scritti da nessuna parte. Preziosi sono anche i contatti fra matricole: insieme potrete condividere dubbi, problemi o soluzioni in piena solidarietà. Del resto si sa: l'unione fa la forza.

E se venite bocciati?

Se venite bocciati al primo esame, non è il caso di farne un dramma. A tutti capita almeno una volta di essere bocciati e in fondo avete solo bisogno di un po' di tempo per capire cosa ci si aspetta da voi. Di fronte alle difficoltà un altro ottimo consiglio potrebbe essere quello di studiare insieme ad altri. Questo infatti vi permetterà di trovare uno stimolo in più nello studio, ma anche di piegarvi reciprocamente le "parti oscure" dell'esame, del resto difficilmente due studenti rovano esattamente le stesse difficoltà, senza considerare il grande vantaggio di potervi interrogare e rivelare così una visione diversa degli stessi studi.

PROF. PROFUSO PROFILATTICO PROFETA PROF.SHORE PROFERITO PROFUMATO

STUDENTE STUDENTONE STUDENTACCIO STUDANTE STODNIENTE STUDENTESO STUDENTORO STUDENTONIO

STUDENTI STRANIERI IN ITALIA

Il visto di ingresso

Come prima mossa lo studente straniero dovrà chiedere ed ottenere il visto d'ingresso che gli verrà concesso salvo imprevisti dalle rappresentanze diplomatiche italiane nel paese d'origine. Il numero dei visti di ingresso per motivi di studio è fissato annualmente da un Decreto del Ministero degli Affari Esteri e degli Interni, "sulla base delle disponibilità comunicate dalle università".

Il permesso di soggiorno

L'accesso è consentito solo a coloro che dimostrino di avere la disponibilità dei mezzi di sussistenza sufficienti per tutta la durata del soggiorno e, fatta eccezione per i permessi di soggiorno per motivi di lavoro, anche per il ritorno nel paese di origine.

Rinnovabilità del permesso di soggiorno

Il permesso di soggiorno per motivi di studio può essere rinnovato annualmente quando e solo nel caso in cui lo studente abbia determinati requisiti di merito definiti ogni anno da una circolare del Ministero degli Affari Esteri.

Il "numero chiuso"

Lo studente straniero deve affrontare un vero e proprio "numero chiuso" in quanto ogni facoltà definisce autonomamente un numero massimo di posti per studenti stranieri ammissibili ai corsi di laurea. In questo caso particolare non esiste un criterio di selezione (per esempio merito o reddito) per l'accesso alle facoltà.

Requisiti di merito per il rinnovo del permesso di soggiorno per motivi di studio

Il permesso di soggiorno per motivi di studio viene rinnovato annualmente solo nel caso lo studente abbia determinati requisiti di merito, definiti ogni anno da una circolare del Ministero degli Affari Esteri. Le ultime circolari, relative agli A.A. 1997/98 e 1998/99, prevedono che il permesso di soggiorno per motivi di studio possa essere rinnovato alla condizione di avere superato nell'anno precedente almeno due esami e comunque occorre che lo studente non sia iscritto oltre il secondo anno fuori corso.

DATABASE NAZIONALE PER TROVARE CHI STUDIA LE TUE STESSE MATERIE

Con Studiamo Insieme potete mettervi in contatto con chi sta preparando il vostro stesso esame per risolvere dubbi, scambiarvi materiale e magari per trovare qualcuno con cui ripetere.
Con le potenzialità del linguaggio PHP abbiamo potuto elaborare un database che gestirà in maniera automatica le vostre richieste di inserimento all'interno di Studiamo Insieme.
Ricordatevi di riempire i campi obbligatori (quelli con*) e di inserire ogni volta i nuovi esami che iniziate a preparare.

CIAO, MI CHIAMO LUCA. TOCCAMI LA GIACCA E SEI MORTO, PICCOLETO

LA SOCIALIZZAZIONE DEL PRIMO GIORNO DI SCUOLA.

QL Incontri

unità 5
Studio e lavoro

IN QUESTA SEZIONE IMPARERAI A:

- PERSUADERE
- ESPRIMERE PERPLESSITÀ E INCERTEZZA
- SCRIVERE UNA DOMANDA DI ASSUNZIONE
- ORGANIZZARE UN DISCORSO

QL
1, 2, 3

Giulia e Laura chiacchierano per strada. Di che cosa parlano?

COME FARE PER...

PERSUADERE E PER...

Perché non fai il cameriere in un albergo al mare?

Sì, ma durante il giorno hai delle ore libere!

Poco? Guarda che i clienti lasciano sempre delle buone mance!

Ma non sai che è il modo migliore per conoscere gente nuova?
Dài retta a me, ... è divertentissimo!

...ESPRIMERE PERPLESSITA' E INCERTEZZA

Mah, veramente non saprei...
In un albergo bisogna lavorare anche di sera.

Sarà... E poi secondo me i camerieri sono pagati poco.

Forse hai ragione, ma fare il cameriere non mi sembra un lavoro adatto a me. Quando c'è tanta gente è un lavoro molto stressante...

Boh, vedremo. Ci devo pensare.

Perché non... ?	**Mah, veramente non saprei...**
Sì, ma...	**Sarà, ma secondo me...**
Guarda che...	**Forse hai ragione, ma...**
Ma non sai che... ?	**Boh, vedremo. Ci devo pensare.**
Dài retta a me, ...	**Veramente, ...**
Pensa anche che...	**... non saprei.**
Sì, però...	**Sarà, ma non mi convince.**
Ma dài!	**A dire il vero/A dire la verità,...**
	Sì, ma...
	Sì, però...
	Forse è vero, ma/però...

ATTIVITÀ

D'estate vuoi fare un lavoretto, ma sei incerto su cosa scegliere. Chiedi consiglio al tuo compagno. Tu non sei convinto, ma lui cerca di persuaderti. Riferitevi ai lavori presentati qui sotto e agli aspetti elencati. Poi invertite i ruoli.

Tu:	*Quest'estate vorrei fare un lavoretto, ma non so cosa scegliere...*
Il tuo compagno:	*Perché non vai a fare il cameriere in un albergo?*
Tu:	*Mah, non so... non mi piace lavorare la domenica.*
...	

Cameriere in un albergo al mare

- durante il giorno hai delle ore libere
- hai occasione di parlare anche con clienti stranieri
- devi lavorare anche la sera e la domenica
- quando il ristorante è pieno il lavoro è stressante
- possibilità di avere delle buone mance
- non pagano bene

Operatore telefonico in un'azienda di telemarketing

- non è un lavoro difficile
- le persone che ricevono queste telefonate spesso si irritano
- ti pagano abbastanza bene
- è un lavoro noioso
- devi stare al telefono tutto il giorno
- la sera e nel fine settimana sei libero

Custode in un museo

- devi stare al chiuso quando fuori fa bel tempo
- sei in un ambiente culturalmente interessante
- devi ripetere sempre le stesse cose
- non è un lavoro stressante
- i visitatori del museo ogni tanto lasciano una mancia
- devi stare fermo per ore nella stessa stanza da solo

Animatore in un villaggio turistico

- devi essere gentile anche quando gli altri non lo sono
- sei sempre a contatto con la gente
- è un lavoro creativo
- devi lavorare molte ore al giorno
- devi sapere recitare, cantare, ballare, fare sport
- è un lavoro divertente

▶ QL 4

Leggi l'articolo che Laura ha dato a Giulia. A quale indirizzo ha scritto Laura per trovare lavoro a Rimini?

LAVORO

Un **impiego** per i mesi estivi

Ci sono parecchie possibilità.
Per esempio, nel campo delle vacanze.
Tutti gli indirizzi utili.

Vuoi trovare un lavoro durante i mesi estivi? Le occasioni non mancano. Ecco come e dove muoversi.

Assistenza. La **Europ assistance**, azienda leader nell'assistenza ai privati, cerca 150 operatori telefonici, di cui 50 madrelingua tra inglesi e tedeschi. Sono preferiti gli studenti, soprattutto a livello universitario. Le assunzioni possono avvenire per un anno, sia con contratto full time, sia part time, per essere inseriti nelle centrali operative di Milano e Arese. Dovranno fare un corso di formazione di tre settimane. Le domande vanno inviate, precisando le lingue conosciute, al **fax 0258384581.**

Aziende. La società **Maina di Fossano (Cuneo),** che produce panettoni, pandori e colombe, cerca personale femminile e studenti per il lavoro stagionale dedicato alla preparazione dei dolci natalizi. L'assunzione avviene con contratto a termine. Il lavoro stagionale inizierà il 20 agosto e terminerà una settimana prima di Natale. Non sono richiesti titoli di studio né qualifiche. Le domande vanno inviate al **fax 0172640333** entro il 30 giugno prossimo.

Turismo. La **Provincia di Ravenna** offre posti di lavoro stagionale in alberghi e ristoranti della Riviera adriatica a giovani studenti o disoccupati iscritti alle liste di collocamento di tutta Italia. Si cercano cuochi, baristi, camerieri, addetti al ricevimento e alla pulizia. Le assunzioni avvengono con contratto di lavoro temporaneo, da giugno a settembre compreso. Chi è interessato può andare all'ufficio di collocamento della propria città e compilare la scheda prestampata della Provincia di Ravenna.

Anche **a Rimini e a Riccione** albergatori e ristoratori cercano circa mille persone in grado di svolgere le diverse mansioni alberghiere. La procedura è analoga: si va all'ufficio di collocamento della propria città, si compila la scheda e la si invia alla **Sezione circoscrizionale per l'impiego, via Torino 7, 47036 Riccione (Forlì).**

Gardaland, il parco di divertimenti di **Castelnuovo del Garda,** cerca giovani maggiorenni dal 19 giugno al 13 settembre disposti a lavorare fino alla chiusura del parco a mezzanotte. Sono richiesti: commessi, cassieri, addetti alla manutenzione del parco e alla sicurezza. Per cuochi e camerieri è invece richiesto il diploma di scuola alberghiera. Inviare curriculum al **fax 0456449831.**

Spettabile Direzione
Villa Adriatica
Viale Vespucci 3
Rimini

Reggio Emilia, 30 giugno 2000

Oggetto: Domanda di assunzione

Egregio Direttore,

In riferimento all'annuncio pubblicato sulla rivista 'Donna Moderna', le invio in allegato la scheda con il mio curriculum vitae. Sarei infatti molto interessata ad un impiego presso il Suo albergo durante i mesi di agosto e settembre, in particolare come addetta al ricevimento.

Sono una studentessa di 19 anni e, come può vedere dalla scheda, ho appena superato l'esame di maturità scientifica con buoni risultati. Ho una buona conoscenza dell'inglese e una discreta conoscenza del tedesco. So usare il computer e conosco i programmi di Office 2000 (Word, Excel). Mi ritengo una persona socievole, ma anche precisa nell'organizzarmi il lavoro; amo stare con la gente, mi piacciono le situazioni nuove e impreviste, non mi spaventano le sfide. L'anno scorso ho lavorato alla reception di un albergo a Cortina d'Ampezzo, sulle Dolomiti, per quattro settimane ed è stata per me un'esperienza molto formativa. Quest'anno preferirei lavorare in una località di mare in quanto amo molto tutti gli sport d'acqua (nuoto e surf in particolare).
Se necessario, sarò lieta di fornirle delle referenze precise in proposito.
Sono ovviamente disponibile a darle ulteriori informazioni e chiarimenti nel corso di un colloquio.
Nella speranza che Lei voglia accogliere positivamente la mia domanda, resto in attesa di una Sua cortese risposta e con l'occasione le invio i miei migliori saluti.

Giulia Giacometti

Giulia Giacometti
Viale dei Mille 18
42100 Reggio Emilia
tel. 0522-435408

COME FARE PER... **SCRIVERE UNA DOMANDA DI ASSUNZIONE**

Spettabile .... ◄······················· *Qui scrivi il nome della Società e il suo indirizzo*
....
.... *Qui scrivi la città in cui sei tu e la data della tua lettera*
....

.... *Questo è l'argomento di cui parla la lettera*

Se lo sai, scrivi qui il nome della persona a cui scrivi,
Oggetto: Domanda di assunzione *anche con il suo titolo : dott. / ing. / sig. / sig.ra...*

Spettabile Ditta / Egregio *(se è un uomo)* .... / Gentile *(se è una donna)* ....,

a. prima di tutto, dici che mandi il tuo curriculm:

In / Con riferimento a ...., Le invio in allegato il mio curriculum vitae.

b. poi fai capire che ti piacerebbe avere il lavoro:

Sarei interessata .... / Mi piacerebbe molto ....

c. a questo punto, puoi spiegare brevemente chi sei e se hai già esperienza.

....
....
....

d. fai anche capire che in un colloquio puoi farti conoscere meglio:

Sarò lieto di .... fornirle delle referenze.
                darle ulteriori informazioni o chiarimenti nel corso di un colloquio.

e. poi finisci la tua lettera in modo educato:

Spero che voglia accogliere positivamente la mia domanda.
Spero in una Sua risposta positiva alla mia domanda.

Con l'occasione le invio i miei migliori saluti / i miei più distinti saluti / i più cordiali saluti.

Qui metti la tua firma e il tuo indirizzo

....

....
....
....
....

ATTIVITÀ

Leggi con un compagno i seguenti annunci. Discutete gli aspetti positivi e negativi di ciascun lavoro e al fine mettetevi d'accordo sull'annuncio a cui ognuno di voi vuole rispondere.

> Azienda agricola in provincia di Cuneo cerca personale estivo, anche studenti, per la **raccolta delle mele.** Curriculum a: Adecco, piazzale Indipendenza 1, Cuneo.

> Europa Film Communications di Roma cerca 10 volti femminili e 5 maschili di 18-25 anni per **pubblicità televisive.** Inviare foto e curriculum a: Europa Film Communications, piazzale Asia 21, 00144 Roma.

> Azienda di Peschici (FG) cerca **aiutocuoco** per il periodo estivo. Non è richiesta esperienza specifica. Inviare curriculum vitae a: ALI, via D. Scaramella 20, Salerno, tel. 08922071, fax 089250711.

Codice riferimento:	27509
Nome:	Sartori Stefano e Martina
Città di residenza:	ROMA
Sesso dell'au pair richiesto:	Femminile
Nazionalità preferita:	Non rilevante
Inizio/durata attività:	4 mesi a partire da giugno
Fumatore:	NO
Bambini in famiglia:	Due: 3 e 9 anni
Necessità di svolgere lavori domestici:	NO

Codice riferimento:	27340
Nome:	fam. D'Angelantonio
Residenza:	MILANO
Sesso dell'au pair richiesto:	Non rilevante
Nazionalità preferita:	Non italiana
Inizio/durata attività:	4 mesi a partire da giugno
Fumatore:	NO
Bambini in famiglia:	Uno: 5 anni
Necessità di svolgere lavori domestici:	SI

▶ QL
8, 9

Le persone che ascolterai parlano del loro lavoro. Che lavori fanno?

C

▶ QL
10, 11

COME FARE PER... **ORGANIZZARE UN DISCORSO**

- **Siccome** non riuscivo a trovare un lavoro part-time, mi sono inventato un'agenzia viaggi.
- **Dato che** voglio ridurre il tempo perso per gli spostamenti sul luogo di lavoro, ho chiesto di lavorare a distanza.
- **Poiché** volevo aiutare gli altri, ho preso il diploma da infermiera.

- **Anche se** potevo cominciare subito a lavorare in un ospedale, ho preferito dedicarmi ai malati che hanno bisogno di assistenza in casa.
- Ho aperto un centro di assistenza infermieristica domiciliare, **nonostante** il rischio di non avere sufficienti chiamate.

- Sono laureato in economia e commercio, **ma** faccio il sarto.
- Non avrei mai pensato di poter rendermi socialmente utile, e **invece** oggi lavoro in una cooperativa per disabili.
- **Però** non facciamo tutto a mano!
- **Invece di** andare a lavorare in un ufficio, ho cercato di trovare un'idea originale.

- **In breve**, io metto in contatto fra loro le persone che devono fare lo stesso percorso in macchina.
- **In questo modo** faccio risparmiare sui costi di viaggio.
- Ho trasformato la mia stanza in studio, **per cui** lavoro da casa.
- **Insomma**, i miei sogni, il lavoro e lo studio in una stessa realtà.

SG ₁

TIVITÀ

Intervista il tuo compagno sui motivi per cui sceglierebbe o non sceglierebbe le professioni sotto rappresentate. Il tuo compagno dovrà organizzare la sua risposta utilizzando le espressioni appena viste. Poi invertite i ruoli.

Esempio: - *Tu vorresti fare l'attore di teatro?*
  ~ *Si, mi piacerebbe nonostante le difficoltà.*
  - *Ma gli attori di teatro non hanno mai tempo libero...*
  ~ *Si, ma anche se non hanno tempo libero stanno sempre in posti bellissimi.*

QL
12, 13,
14

Attore di teatro   Fotografo di animali   Webmaster

Dal convegno della Confindustria a Roma una mappa delle professioni necessarie nei prossimi cinque anni

I nuovi mestieri del futuro

Di Sabina Minardi

ROMA - Sarti, falegnami, saldatori, decoratori. Non solo esperti di informatica, ingegneri elettronici, grafici con competenze multimediali. Ma anche figure professionali dall'anima antica, pronte a rinnovarsi sotto la spinta della modernità: manutentori polivalenti, segretari capaci di adoperare i nuovi mezzi, tecnici da destinare a sistemi di automazione. Eccole alcune delle professioni che interesseranno l'industria italiana nei prossimi cinque anni. Figure necessarie al nostro sistema produttivo portate alla luce da una ricerca realizzata dall'Organismo Bilaterale

Confindustria – Cgil, Cisl e Uil, e presentata ieri a Roma, nel corso del convegno "Le figure di riferimento dell'industria italiana. Indagine nazionale sui fabbisogni formativi".

Il risultato è un censimento degli ottanta mestieri più richiesti, tra le cinquemila professioni riportate dall'Istat. Una mappa per orientare i giovani ai fabbisogni lavorativi dei prossimi anni, ma anche un utile indicatore per chi si occupa di formazione. L'obiettivo, infatti, è quello di sperimentare un'educazione integrata fra scuola, università e formazione professionale regionale, proprio in considerazione di quanto il

mercato evidenzia. Un accordo tra istituzioni e forze sociali per un'istruzione più efficace e competitiva.

Uno sforzo talmente importante che dovrebbe indurre a "eliminare le frammentazioni per agire come un unico ministero", ha sostenuto il Ministro del Lavoro, Antonio Bassolino. E a fare della formazione l'asse strategico del sistema industriale italiano, come auspicato dai segretari generali della Cgil, Cisl e Uil. Purché le prospettive della formazione siano davvero concrete e valgano a diffondere tra i giovani un'idea positiva di futuro professionale, e non solo di grave incertezza.

TUTTI I DISOCCUPATI D'ITALIA
Per aree geografiche (ottobre 1997)

	Uomini	Donne	TOTALE	Giovanile (15-24 anni)	Di lunga durata (oltre un anno)
Nord-Ovest	4,6	11,2	7,3	21,5	4,0
Nord-Est	3,4	9,2	5,7	15,0	2,3
Centro	7,0	15,0	10,2	26,3	6,8
Sud	17,8	32,2	22,6	57,4	17,3
Totale Italia	9,3	17,3	12,4	34,0	8,5

Fonte: Istat

DALL'ATENEO AL PRIMO STIPENDIO

Occupati nel 1995 tra i laureati del 1992
Le lauree che offrono meno opportunità

Facoltà	Percentuale di occupati
Biologia	49,7
Scienze dell'amministrazione	55,5
Giurisprudenza	62,4
Scienze naturali	62,6
Lettere	68,1

Le lauree che danno lavoro

Ingegneria elettrotecnica	96,0
Ingegneria meccanica	94,7
Economia aziendale	93,7
Odontoiatria	93,1
Ingegneria elettronica	91,8

Fonte: Istat

UFFICIO DI COLLOCAMENTO

Giovani, laureati e senza illusioni

Chi pensa che la laurea assicuri un posto di lavoro si dovrà ricredere. Un'indagine dell'Istat, recentemente ripresa dalla Corte dei conti, dimostra che nel 1995 solo il 66,8 per cento dei giovani che si sono laureati nel 1992 è riuscito a trovare un impiego. I giovani, d'altra parte, sono ben consapevoli di questa situazione: uno su quattro, rivela un sondaggio realizzato dal Gruppo "Go up", rinuncerebbe subito all'alloro in cambio di un posto di lavoro sicuro. Il 45 per cento degli intervistati, inoltre, ritiene improbabile che il proverbiale "pezzo di carta" possa servire a conquistare un posto adeguato alle proprie competenze.

Ecco alcuni "pezzi" prodotti dagli artigiani di Tolentino, dove si continua a lavorare il cuoio con l'abilità di una volta.

Qui a sinistra: nella bottega dei fratelli Barra che restaurano strumenti musicali d'ogni tipo

L'Italia degli artigiani: non solo un passato

Tanti prodotti di qualità

Dal vetro al cuoio, dalle stoffe alle ceramiche.
E poi dolci, scarpe, mobili: ce n'è per tutti i gusti.

Una fase della lavorazione di un mosaico artistico nel laboratorio di Angelo Orsoni, ubicato nel cuore di Cannaregio, a Venezia. Sorto nel 1888, è famosissimo in tutto il mondo.

A sinistra e sopra: la via dei calderai e dei ramai a Force. Qui i molti artigiani lavorano in forme classiche, ma anche moderne, il rame prodotto in una fonderia di Comunanza

Lavorazione della ceramica a Seminara, nell'entroterra di Palmi

CAMBIARE VITA TORNANDO ALLE ORIGINI DEI LAVORI ARTIGIANALI

Con mani da maestro

Riscoprire il piacere di plasmare la materia e trasformarla in oggetti.
Con gesti studiati e sapienti.
Per ritrovare se stessi nello spazio di una bottega.
E di una nobile attività

Dopo. Il lavoro viene dopo. Prima viene la passione. Che spesso si traduce, dopo anni di folle corsa al successo, in una vera rivoluzione. Perché recuperare i lavori manuali e aprire bottega, prima ancora che cambiare occupazione, significa cambiare vita. Dire basta all'arrivismo, anche quello più sano, e ridimensionare i propri sogni di un posto ai vertici. In compenso, l'artigianato offre rari piaceri: ancora oggi, ferro, legno, ceramica e vetro rievocano l'idea di gesti antichi e sapienti. Chi li compie ne conosce l'importanza.

"Quando lavori il legno riconosci il disegno della pianta, ne segui le vene, capisci come è fatta, perché ha i suoi nervosismi. Scopri che nei giorni di vento la tavola si piega, perché il legno vive. Tanto che devi lavorarlo di nuovo" racconta Marco Lissoni, 30 anni, una laurea all'Università Bocconi di Milano, tre anni negli uffici finanziari di un grande gruppo editoriale e da circa due anni falegname. Lavoro, quest'ultimo, per cui prova una passione vera: sbocciata, come per molti "convertiti" all'artigianato, con il classico colpo di fulmine. Quando, durante il restauro della sua casa, ha scoperto da un rivenditore bellissimi mobili costruiti artigianalmente da un autore, Paolo Baj, 20 anni di più e falegname da quattro generazioni. Inutile forse aggiungere che oggi Baj è suo socio nell'impresa Falegnami in Cantello (Varese), molte commesse e progetti di espansione.

Lissoni è insomma l'esempio vivente di come sia possibile ritagliarsi con le proprie mani un mestiere davvero su misura: che rispetti i tempi del corpo e dell'anima e i principi che ci guidano. Così Baj e Lissoni, che per il cliente hanno una vera dedizione, realizzano ogni pezzo a mano, così come non fanno mai la stessa cosa due volte. E anche se non ci sono tempi morti, quasi come nel frenetico lavoro che si svolge negli uffici, lo stress non esiste. Annullato dal piacere di un'attività che soddisfa. Ma dire addio alla scrivania per la bottega non è come bere un bicchier d'acqua.

Certo, storie come queste insegnano: inventarsi una forma d'arte significa spesso ripartire da zero. Ma questo non significa necessariamente gettare alle ortiche le esperienze precedenti. Perché nella vita serve tutto. E non è scritto da nessuna parte che l'università o gli studi siano strumentali a un unico sbocco nel mondo del lavoro. E anche il mito della carriera, a ben vedere, non declina per tutti. Più semplicemente il successo assume nuove forme. L'artigianato in Italia ha quasi 2 milioni di protagonisti. Con oltre 300 mestieri e professioni, alcune insospettabili, che fanno sì che il settore sia in grande ripresa. E possa dare buone soddisfazioni.

concludendo...

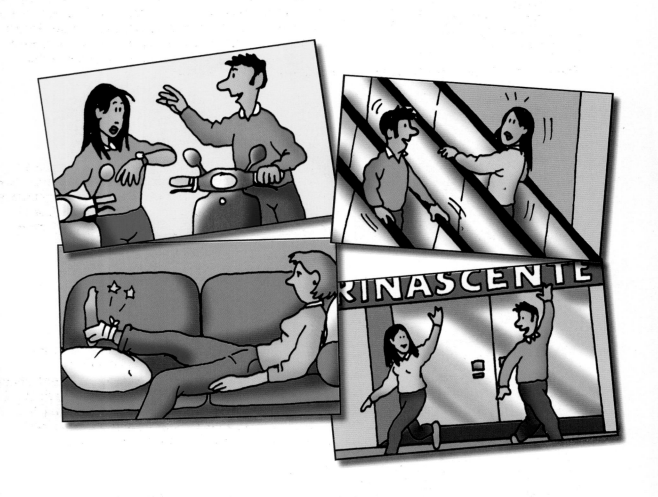

• RICAPITOLAZIONE DELLE FUNZIONI

Guarda i disegni e leggi il racconto a puntate.
Poi scegli un personaggio, inventa i dialoghi e svolgili con un compagno. Se vuoi, puoi cambiare personaggio anche ad ogni scena.
Per ogni scena devi usare alcune funzioni linguistiche che hai imparato.
Nel QL trovi l'elenco di queste funzioni e l'indicazione dell'unità e della sezione in cui le hai incontrate.

Prima puntata

Scena 1

Personaggi: Francesca
              Alessandro

Francesca e Alessandro decidono di andare alla sede di Legambiente per informarsi sulle possibilità di partecipare ad un campo di lavoro quest'estate, dopo l'esame di Stato. Alessandro vuole andare in autobus, invece Francesca lo convince ad andare in motorino, per poter poi passare a trovare Marta che abita un po' fuori città. Alessandro e Francesca si danno appuntamento alle quattro davanti a casa di Francesca.

Scena 2

Personaggi: Francesca
              Alessandro

Alessandro arriva con un quarto d'ora di ritardo e spiega a Francesca che mentre stava per uscire di casa ha ricevuto una telefonata da Paolo, perciò ha perso tempo. Paolo ha chiesto di prendere informazioni anche per lui e ha precisato che gli piacciono tutti i tipi di campo, ma preferisce quelli al mare.

Scena 3

Personaggi: Francesca   un passante
              Alessandro

Siccome Francesca non si ricorda bene la strada per arrivare alla sede di Legambiente, si informa se Alessandro sa arrivarci. Lui dice di sì, ma a un certo punto sbaglia strada, perciò chiede a un passante le indicazioni per arrivare in via [*decidi tu una via della tua città*]. Il passante dà le indicazioni [*dai le indicazioni vere per arrivare alla via scelta*] e Francesca e Alessandro poco dopo arrivano a destinazione.

Scena 4

Personaggi: Francesca   l'impiegata
              Alessandro

I due entrano nell'ufficio e chiedono informazioni sui campi. L'impiegata risponde che ci sono tantissimi campi e domanda quale tipo di campo preferiscono i ragazzi, in quale località vogliono andare – mare o montagna, Italia o estero – quanto tempo vogliono stare via, eccetera. Francesca e Alessandro dicono le loro preferenze e

chiedono dei pieghevoli informativi anche per Paolo.
L'impiegata ricorda ai due che se si vogliono iscrivere ad uno di quei campi lo devono fare velocemente, perché molto probabilmente alla fine del mese non ci saranno più posti liberi.

Scena 5

Personaggi: Francesca   la commessa
            Alessandro

Usciti dall'ufficio, Francesca e Alessandro vogliono andare a trovare Marta. Sanno che Marta ha avuto un incidente in bici e si è slogata una caviglia, per cui non può camminare per qualche giorno. Prima di andare da lei, Francesca e Alessandro decidono di comprarle una scatola di cioccolatini. Entrano in una pasticceria, chiedo i prezzi di due o tre scatole diverse, decidono di comprare le gelatine di frutta, pagano ed escor

Seconda puntata

Scena 1

Personaggi: Francesca   Marta
            Alessandro   la madre di Marta

Francesca e Alessandro arrivano da Marta e suonano i campanello. La madre apre la porta, li fa entrare e li accompagna in soggiorno. Marta è sul divano. I ragazzi salutano. Francesca e Alessandro chiedono a Marta co sta e poi com'è successo l'incidente. Marta dice che la caviglia le fa ancora molto male e poi racconta l'incider stava andando in bici in palestra e, mentre stava superando una macchina ferma, un tizio è sce senza guardare e l'ha urtata con la portiera facendola cadere. La persona scesa dalla macchina l'ha soccorsa e le ha chiesto se doveva chiamare un'ambulanza. Lei ha risposto che non era necessario, però Livio, che era con lei, ha insistito perché andasse al Pronto Soccorso. Così han telefonato a casa di Marta e sua madre è subito venuta a prenderla in macchina e l'ha portata a Pronto Soccorso. Livio è andato con loro ed è stato veramente carino. All'ospedale le hanno fatt le radiografie e per fortuna non c'era niente di rotto, così le hanno fatto una fasciatura e l'hanno rimandata a casa. Livio è rimasto tutto il tempo ad aspettarla e poi è ritornato a casa con lei.

PRONTO SOCCORSO

Scena 2

Personaggi: Francesca   Marta
            Alessandro

Alessandro non conosce Livio e chiede chi è. Marta spiega che è un suo amico e che probabilmente Alessan lo ha visto qualche volta fuori da scuola. Alessandro allora chiede a Marta di descriverglielo fisicamente e Marta lo fa [fai tu la descrizione fisica di Livio]. Alessan dice di non conoscerlo e di non averlo mai visto e chie a Marta che tipo è. Marta dice che è proprio simpatico e [aggiungi tu altre caratteristiche di Li Allora Francesca chiede se Marta e Livio stanno insieme. Marta dice di no, anche se a lei Livio piace molto. Francesca dice che, a proposito di ragazzi, Sabrina si è messa con Paolo. Marta è molto sorpresa e chiede quando. Francesca risponde che lei l'ha saputo ieri ma non sa da quar tempo stanno insieme. Alessandro pensa che Paolo e Sabrina stiano molto bene insieme e sa c era da un pezzo che lui le stava dietro. Anche Marta e Francesca sono d'accordo.

Scena 3

Personaggi: Francesca   Marta
              Alessandro

Marta chiede a Francesca e Alessandro se hanno voglia di una cioccolata, loro accettano e Francesca propone di prepararla lei. Allora Marta chiede aiuto per camminare fino alla cucina, Alessandro l'aiuta e, arrivata in cucina, Marta si siede su una sedia.

Scena 4

Personaggi: Marta   Francesca
              Alessandro

Marta dice che il latte è in frigo, il pentolino nel mobiletto sopra il gas e il cacao nella credenza di fianco alla lavastoviglie. Alessandro chiede dov'è lo zucchero, e Marta glielo dice. Marta spiega anche dove possono trovare le tazze, i piattini e i cucchiaini. [*pensa tu i posti*]

Scena 5

Personaggi: Marta   Francesca
              Alessandro

Quando la cioccolata è pronta, Francesca porta tutto in soggiorno, così Marta può sedersi di nuovo sul divano. Alessandro e Francesca danno a Marta le gelatine di frutta. A lei le gelatine di frutta piacciono più di ogni altro dolce! Li ringrazia, apre la scatola e le offre anche a loro.

Scena 6

Personaggi: Francesca   Marta
              Alessandro

Ora Marta chiede a Francesca e Alessandro com'è andata la mattina a scuola. Francesca risponde che la prof di italiano ha dato un tema letterario da fare a casa, come esercitazione per gli esami. Marta non sopporta i temi letterari; lei alla maturità sceglierà sicuramente quello di argomento generale. Francesca pensa che spesso i temi generali siano più difficili di quelli letterari. Alessandro le chiede che cosa intende, visto che per i temi letterari bisogna conoscere bene la letteratura e invece per quelli generali no. Francesca spiega quello che intende dire: l'argomento di un tema letterario è spesso molto ristretto e quindi se hai studiato non è difficile svolgerlo, mentre i temi generali sono così vasti che non sai esattamente quello che devi scrivere. Anche Marta è scettica su quello che dice Francesca ed è d'accordo con Alessandro.

Scena 7

Personaggi: Francesca   Marta
              Alessandro

Dopo aver bevuto la cioccolata, Francesca e Alessandro
devono andare, salutano Marta, le raccomandano di non
stancarsi troppo e vanno via.

Terza puntata

Scena 1

Personaggi: Francesca
              Alessandro

Prima di tornare a casa Francesca vorrebbe passare alla
Rinascente per cercare un paio di pantaloni neri e
propone ad Alessandro di accompagnarla. Lui vorrebbe
andare a casa perché deve ancora finire di studiare per
domani, ma alla fine Francesca lo convince.

Scena 2

Personaggi: Francesca
              Alessandro

Alla Rinascente Alessandro vuole passare nel reparto
sportivo. Dice che appena ha finito andrà a cercare
Francesca nel reparto abbigliamento.

Scena 3

Personaggi: Alessandro
              il commesso

Nel reparto sportivo, Alessandro chiede a un commesso
dove può trovare le ginocchiere da pallavolo. Il commesso
glielo dice e gli offre aiuto nella scelta. Alessandro non è
contento delle ginocchiere che ha comprato lì un mese
prima perché avevano gli elastici molto deboli. Secondo il
commesso quando uno compra le ginocchiere deve fare
attenzione alla misura: quelle che Alessandro aveva comprato il mese prima erano probabilmente
troppo grandi, il commesso si informa su quante volte Alessandro le ha usate. Alessandro risponde
che le ha usate 3-4 volte. Ora il commesso è proprio sicuro: quelle ginocchiere erano certamente
troppo grandi, perché dopo solo 4 volte gli elastici non potevano già essere consumati.
Poi il commesso consiglia ad Alessandro un nuovo paio di ginocchiere, Alessandro spera che
queste andranno meglio, il commesso glielo assicura, Alessandro paga e va nel reparto
abbigliamento a cercare Francesca.

Scena 4

Personaggi: Francesca
             Alessandro

Intanto Francesca ha trovato i pantaloni che cercava e se li sta provando. Quando vede arrivare Alessandro lo chiama e gli chiede il suo parere. Secondo Alessandro le stanno un po' larghi. Allora Francesca si prova un altro paio di pantaloni e chiede di nuovo il parere di Alessandro. Secondo Alessandro, questi le stanno meglio. Francesca decide di comprarli, si cambia, va alla cassa e li paga.

Scena 5

Personaggi: Francesca   Marta
             Alessandro

Francesca e Alessandro escono dalla Rinascente. Ora Alessandro deve proprio andare. I due si salutano e ciascuno va a casa sua.

FOTO DI ISABELLA BALENA

Attualità

Chi aiuta un adolescente in crisi

In tutta Italia nascono progetti contro il disagio giovanile. Per dare risposte nuove a un vecchio problema. C'è chi lo fa creando un laboratorio di meccanica. Chi porta un pullman fuori dalle discoteche. E chi organizza un corso di teatro davvero speciale

Un gruppo di ragazze che, a pochi passi dal Duomo di Milano, rapinano due quindicenni minacciandole con un coltello per farsi dare il loro giubbotto firmato. Adolescenti che s'imbucano alle feste e poi, com'è accaduto a casa di un medico milanese, graffiano i mobili, afferrano soldi e gioielli. Storie di questo inizio di maggio. Storie eccezionali? Per nulla. Le pagine dei quotidiani riportano quasi ogni giorno cronache simili. «La criminalità nasce dall'irrompere sfrenato dei desideri» spiega il sociologo Franco Ferrarotti. «Questi ragazzi vivono immersi in una società frenetica, ricevono mille stimoli, dalla televisione a Internet, ma nessuno li aiuta a interpretarli e a gestirli». E i giovani si trovano soli, schiacciati sotto il peso di troppe sollecitazioni. «Molti hanno il terrore del futuro che li aspetta, di un domani senza prospettive» spiega la psicologa Elena Riva, consulente presso i servizi della giustizia minorile di Milano e coautrice del li-

300 mila giovani soffrono di anoressia. Nel 95 per cento dei casi sono colpite le ragazze. E l'età più critica è tra i 14 e i 18 anni.

bro *Adolescenti trasgressivi* (Franco Angeli). «Allora spesso si rifugiano in un gruppo che dà loro sicurezza e identità». Ma come si arriva alla bravata e magari anche al reato? «All'improvviso uno dei ragazzi lancia una proposta trasgressiva, per esempio di commettere un furto, e tutti si lasciano prendere da una sorta di eccitazione collettiva. Perdono il senso della realtà e agiscono senza più riflettere». Ma il disagio giovanile ha molte facce. C'è chi ruba e chi è violento con gli altri (nel 1995 ci sono state oltre 46 mila denunce contro minorenni), chi fa uso di stupefacenti (secondo il gruppo Pompidou, la cellula antidroga del Consiglio d'Europa, il 4 per cen-

to dei quindicenni consuma anfetamine, il 6 per cento Lsd e un altro 4 per cento l'ecstasy). Altri non accettano il loro corpo che cambia e ingaggiano una guerra contro il cibo (i disturbi alimentari tra gli adolescenti sono quattro volte più frequenti di 20 anni fa). E i più disperati si uccidono: negli ultimi sei anni i casi di suicidio tra i giovani sono raddoppiati (i dati più recenti parlano di 288 morti in un anno).

Ti invento un lavoro.
Mentre tutto questo accade, troppo spesso la famiglia e la scuola stanno in disparte, incapaci di cogliere i segnali di disagio che i giovani lanciano, di rispondere alla loro richiesta di aiuto. Non sem-

pre gli adulti, però, si sottraggono, c'è anche chi tende la mano. In tutta Italia stanno nascendo progetti e servizi per salvare i ragazzi dalla vita spericolata. Esperimenti di frontiera dove non mancano coraggio e fantasia, molti dei quali coordinati dal dipartimento per gli Affari sociali del governo. "Ladri di biciclette" è il progetto di un Consiglio di quartiere di Firenze dedicato a 35 ragazzi, scelti con un bando di concorso. «Vivevano in una specie di limbo, dormivano fino a tardi, non avevano un lavoro» racconta Silvia Becattini,

vicepresidente della cooperativa Cepiss che gestisce il progetto. «Abbiamo pensato che il motorino ce l'hanno tutti gli adolescenti e se lo mettono a posto da soli. Allestire un laboratorio di meccanica era l'occasione giusta per invogliarli a fare qualcosa e aiutarli a riacquistare fiducia in se stessi». Il progetto finirà il 30 luglio: la speranza è che i partecipanti poi si iscrivano a un corso professionale con l'obbiettivo di un lavoro vero. Il mezzo scelto dalla Provincia di Ferrara, invece, è un pullman. Una ventina di ragazzi disoccupati "a rischio di esclusione sociale" sono stati trascinati in un'insolita avventura: sotto la guida di psicologi ed esperti dell'immagine hanno imparato un mestiere, quello di animatore della notte. Viaggiano su un autobus fornito di computer, scanner per trasferire le foto nei pc, tastiere musicali, videoregistratori. Il pullman superattrezzato si sposta da una discoteca all'altra. Gli animatori della notte invitano i frequentatori dei

Il 4,7 per cento dei ragazzi tra i 15 e i 19 anni abbandona presto la scuola e non ottiene neppure il diploma di terza media.

Dopo gli incidenti, il suicidio è la seconda causa di morte fra i giovani tra i 15 e i 24 anni.

templi della musica a salire sull'autobus e a usare i suoi strumenti multimediali. «I giovani si divertono, imparano qualcosa di nuovo e ritrovano la lucidità perduta sulla pista da ballo» spiega Annachiara Carniello dell'Iscom, l'ente di formazione di Ferrara. Dalla musica al teatro. Partirà a settembre a Milano uno speciale corso di recitazione che coinvolgerà 10 ragazzi con piccoli reati alle spalle. «Attraverso l'improvvisazione teatrale, impareranno a esprimere le loro idee e le loro emozioni con il corpo e con le parole» spiega Marco Barbouth, presidente dell'associazione "Le due città" che organizza l'iniziativa. «Sceglieremo un tema da approfondire e insegneremo ai ragazzi a metterlo in scena».

Resto vicino a te.
Il segreto è entrare nel mondo di questi giovani. «Non bisogna assumere un atteggiamento paternalista e far piovere consigli dall'alto» dice Luciano Tosco, responsabile dell'area minori dell'assessorato ai Servizi sociali di Torino. Per stare accanto all'adolescente difficile servono dei "fratelli maggiori". E questo il nome che il Comune di Torino ha dato ai volontari che, con un piccolo rimborso spese, tra qualche mese aiuteranno tanti ragazzi e ragazze in difficoltà. Faranno i compiti con loro, li seguiranno in palestra, nei centri di ri-

Aumenta la criminalità giovanile. Nel 1995 sono stati denunciati 46 mila minorenni.

trovo. Per ridare la speranza. Perché anche nelle situazioni estreme può esserci una possibilità di riscatto. A Pordenone c'erano 20 tossicodipendenti e sieropositivi che si riunivano attorno a una panchina. Ancora oggi li chiamano così: i ragazzi della panchina. Fino a qualche anno fa, si lasciavano andare, morivano come mosche. Poi è arrivato Alessandro Zamai, un medico del Sert, il servizio per le tossicodipendenze. «Avevo capito che il loro incubo inconfessato era la paura della morte» racconta. «Invece di cancellare chi cadeva sotto i colpi dell'Aids, abbiamo cominciato ad andare insieme ai funerali e anche a riflettere sulle speranze di vita». Risultato: molti ragazzi hanno smesso di drogarsi e affrontano la malattia con i farmaci adeguati. Attorno a loro si sono aggregati altri tossicodipendenti in cerca di aiuto. Ora il gruppo tiene persino lezioni nelle scuole di Roma, Pesaro e Pordenone sui rischi della droga.

Chiama, ti ascolto.
Il primo passo verso la salvezza è spesso un telefono. «Gli adolescenti

preferiscono l'anonimato, temono il confronto diretto» spiega Ernesto Caffo, responsabile di *Telefono Azzurro* (tel. 051/481048) che da luglio aprirà una linea specifica per i ragazzi. «Sono giovani molto soli che spesso non trovano appoggio nella famiglia né nella scuola. Noi cerchiamo di indirizzarli verso le strutture giuste». Esiste un numero (*Droga che fare*, tel. 167/461461) anche per i genitori allarmati dal rischio ecstasy, le micidiali pastigliette che costano dalle 15 alle 50 mila lire l'una e possono provocare più danni dell'eroina. «Ci chiamano tanti padri e madri preoccupati perché hanno paura che i ragazzi prendano l'ecstasy quando vanno in discoteca» racconta Anna Di Fazio, responsabile di *Droga che fare*. «Ricordo la telefonata disperata di una mamma perché il figlio sedicenne mostrava i pri-

21 quindicenni su 100 consumano cannabis, 4 anfetamine, 6 Lsd, 4 cercano lo sballo con l'ecstasy.

mi segni di allucinazioni». Un'altra voce amica è quella che risponde al numero 167/318919. È uno sportello telefonico aperto a Milano due anni fa da una coraggiosa psicologa scolastica, Maria Grazia Marino, insieme a un gruppo di 20 volontari (medici, avvocati, manager). I problemi di cui si occupa? L'orientamento scolastico, l'anoressia, i desideri di fuga e le violenze. Da settembre ha anche avviato incontri, per tre volte alla settimana, nella sua sede in piazza Santa Maria alla Fontana. Ma non solo. Oggi dà persino suggerimenti per organizzare vacanze intelligenti. Già, perché anche un viaggio può diventare un modo per riscoprire la vita.

Antonella Trentin

Si ringraziano per la collaborazione alla registrazione dei testi di ascolto: Maria Luisa Vighi Miletto, preside del Liceo Scient
"Giordano Bruno" di Torino e gli allievi della III A e della III B.
Un grazie particolare alla prof.ssa Franca Graziano per l'entusiasmo e l'attenzione profusi per la preparazione degli allievi.

Le voci dei testi di ascolto sono dei ragazzi:
Elisa Barchi
Fabio Berta
Alessandro Bua
Giulia Copersito
Simona Di Prima
Marco Manfrini
Fabrizio Mondello
Silvia Ogadri
Elena Origliasso
Matteo Paludo
Valerio Principato
Laura Robba
Patrizia Romano
Giovanna Zarba

e di:
Daniela Fasoglio
Franca Graziano
Krijn Koetsveld
Cesare Magro
Mauro Morittu

Unità 1 - Sezione 1

b1

Marco: Pronto?

Paolo: Marco, ciao, sono Paolo.

Marco: Paolo! Ma dove sei? Ti aspetto da mezz'ora!

Paolo: Senti, Marco, guarda che le indicazioni che mi hai dato sono sbagliate. Le ho seguite alla perfezione, eppure ho sbagliato strada.

Marco: Dove sei adesso?

Paolo: Adesso sono in Piazza della Repubblica.

Marco: Ma sei qui vicino! Allora, prendi Corso Vannucci, ma non in direzione di Piazza Italia, in direzione Piazza 4 Novembre.

Paolo: Aspetta, sì, vedo un cartello che indica Piazza 4 Novembre.

Marco: Bene. Quando sei in Piazza 4 Novembre prendi la prima a destra, proprio davanti al Palazzo dei Priori. Quella è la mia via.

Paolo: Ho capito. Arrivo!

Marco: Ti aspetto. Ciao!

c

Partiamo da piazza Santa Maria Novella.
Al centro della piazza sorgono due obelischi. Di fronte è situata la chiesa di S. Maria Novella, la cui costruzione venne iniziata nel 1200 da fra' Sisto e fra' Ristoro, frati domenicani. La chiesa fu terminata quasi un secolo dopo da fra' Jacopo Talenti. Dalla parte opposta vediamo la Loggia di San Paolo, costruita alla fine del XV secolo.
Prendiamo ora via dei Banchi. In fondo alla strada, all'angolo con via de' Panzani, si trova la Loggia del Bigallo, della metà del 1300. Per via de' Cerretani raggiungiamo piazza San Giovanni e tra questa e piazza del Duomo si trovano il Battistero, il Duomo e il Campanile di Giotto.

Unità 1 - Sezione 2

a1

Gillian: Permesso…

Madre di Michela: Benvenuta, Gillian! Entra, entra! Io sono Rosa, la mamma di Michela.

Gillian: Piacere, signora.

Madre: Appoggia pure lo zaino su quella sedia.

Michela: Vieni, ti faccio vedere la casa e anche dov'è la tua camera.

Madre di Michela: Intanto io vi preparo qualcosa… vi va un tè?

Michela: Sì, grazie.

Gillian: Sì, volentieri.

Michela: Guarda, qui a destra c'è la sala da pranzo. La porta finestra dà su una grande terrazza. D'estate mangiamo fuori. E lì c'è la cucina.
A sinistra invece c'è il salotto. Dentro quel mobile c'è la tv, ma questa la guardano soprattutto i miei, noi ne abbiamo un'altra di sopra.

Gillian: Avete una casa molto elegante. La nostra casa invece è più semplice, e poi io ho tre fratellini piccoli, quindi c'è sempre disordine.

Michela: Anch'io ho un fratello, e infatti la sua camera è un casino.
Lì c'è il bagno con la vasca, a destra c'è la camera dei miei, a sinistra la camera mia e quella di mio fratello.
Tu invece dormi nel seminterrato. Vedi? Questo è lo studio dove lavora mia madre. Lì dietro c'è la sua scrivania, e da questa parte c'è un divano letto comodissimo. Là in fondo c'è un bagno tutto per te con la doccia e dall'altra parte della libreria, sul tavolinetto, la tv.

Gillian: Che bello! Ma questa è molto più grande della mia camera a Edimburgo!

b

Marco: Non possiamo più provare a casa mia, ai miei non piace il nostro tipo di musica; dicono che 'facciamo troppo rumore'.

Mario: Accidenti, anche da me è impossibile. Graziella sta preparando un esame insieme alla sua amica e non vuole essere disturbata.

Ciro: Dobbiamo trovare assolutamente un'altra soluzione.

Simone: Diamo un'occhiata agli annunci sul giornale. Magari troviamo una cantina da affittare a poco prezzo.

Mario: Perché no? Non mi sembra una cattiva idea.

Simone: Dunque, vediamo un po'…

Marco: Certo che sarebbe bello in centro…

Ciro: Sì, ma gli affitti sono quasi il doppio che in periferia; guarda qui, per questo box di 20 mq in centro chiedono 155 Euro al mese, mentre una cantina grande il doppio in periferia, ma non troppo lontana dal centro, costa quasi la metà.

Marco: Hai ragione, solo che per arrivarci ci vuole un po' di tempo.

Ciro: Beh, insomma… In motorino ci vogliono 10 minuti, massimo un quarto d'ora.

Mario: Ehi, sentite, ma quanto possiamo spendere al mese?

Marco: Io con le ripetizioni un po' di soldi li guadagno… Diciamo sui 50 Euro al mese a testa?

Ciro: Sei matto? Io facendo il cameriere in pizzeria il sabato sera non prendo mica tanto, sai! Più di 30-40 Euro al mese non li posso mettere.

Simone: Ok, che ne dite se cerchiamo di stare intorno ai 150-180 Euro? Mario, va bene anche per te?

Mario: Sì, per me va bene.

Ciro: Perché non proviamo a telefonare a questo qui? Il numero è 715.85.931.

Segreteria telefonica: *Attenzione. Informazione gratuita. Il numero selezionato è inesistente.*

b1

Voce: Pronto?

Mario: Pronto, buongiorno… Scusi, abbiamo visto il suo annuncio su Porta Portese…

Voce: Ah, sì, la cantina in via Caio Rutilio.

Mario: Beh, volevamo avere maggiori informazioni…

Voce: Beh, una cantina è una cantina. E' una stanza più lunga che larga, con una piccola finestrella in alto.

Mario: Più lunga che larga… Quanto larga?

Voce: Guarda, sarà più o meno 1 metro e mezzo.

Mario: Ah, no, allora è troppo stretta per noi. Grazie lo stesso.

Voce: Di niente, arrivederci.

Mario: Niente da fare, è troppo piccola.
Ciro: Prova questo magazzino, è sicuramente più grande.
Simone: E più caro…
Voce: Pronto?
Mario: Buongiorno, siamo un gruppetto di amici e facciamo musica insieme. Cerchiamo uno spazio dove provare…
Voce: Ah sì, avete visto l'annuncio.
Mario: Sì, ci si può dire qualcosa in più di questo magazzino?
Voce: Sì, è una piccola costruzione nel giardino di casa mia. Ci sono due belle finestre, la luce e un piccolo gabinetto. Però non c'è il riscaldamento.
Mario: Ma, scusi, si può suonare anche di sera?
Voce: Certo, è in giardino, quindi non vi sente nessuno.
Mario: E come ci si arriva?
Voce: Beh, c'è il 15 che passa ogni quarto d'ora…

Unità 1 - Sezione 3

a

Paolo: Guarda, Andrea, questa è camera mia.
Andrea: Bella!
Paolo: Beh, è un po' piccolina.
Andrea: Ma dài, Paolo, sistemata così con il letto a soppalco va benissimo. A me piace molto.
Paolo: Devo dire che anche a me piace. E la tua camera com'è?
Andrea: Beh, la mia camera è più grande di questa, ma io la divido con mio fratello. Poi i mobili sono più chiari dei tuoi. Scusa, è questo il tuo computer?
Paolo: Sì. Che te ne pare?
Andrea: Accidenti, che bello!
Paolo: E c'è anche un programma fortissimo, si chiama "L'architetto in casa".
Guarda, si possono fare le planimetrie e poi renderle tridimensionali. Per esempio, vuoi sapere come arredare meglio camera tua?
Andrea: Sì, dài, proviamo. Voglio un tavolo per il computer e non so dove metterlo.
Paolo: Quanto è grande la stanza?
Andrea: Allora, saranno più o meno 4 metri per 5.
Paolo: Ecco qui. Che mobili ci sono?
Andrea: Due letti, un armadio molto grande, diciamo di 2 metri e mezzo, due scrivanie di un metro e venti l'una, due cassettiere di… mah, saranno lunghe ottanta centimetri ciascuna, poi una libreria molto lunga, secondo me è lunga quasi tre metri…

b

Lucia: Allora, Carlo, come hai arredato la tua nuova stanza?
Carlo: Guarda, il letto l'ho messo dietro alla porta, e l'armadio proprio di fianco. Sotto la finestra invece ho messo la scrivania e a destra della scrivania la libreria.
Lucia: E il computer?
Carlo: Per il computer ho un tavolino a parte, che ho messo ad angolo con la scrivania. La stampante l'ho messa sotto, su una cassettiera.
Lucia: Hai anche un divano, o una poltrona?
Carlo: Sì, ho un divanetto. Quello è dall'altra parte della stanza. Vicino al divano c'è anche un tavolino

basso.
Lucia: Beh, mi sembra un'ottima sistemazione!

Unità 2 - Sezione 1

a1

Marina: Ehi, hai visto? Sono già cominciati i saldi! Andiamo a farci un giro per i negozi?
Giulia: Mah, veramente io non mi fido mai dei saldi… Comunque, se vuoi, andiamo pure a dare un'occhiata. Io vorrei comprarmi un paio di pantaloni, e come li cerco io non li ho ancora trovati da nessuna parte.
Marina: Perché, come sono?
Giulia: Sono quelli elastici sulla gamba e morbidi sotto… tipo anni '60.
Marina: Ah, sì, ho capito quali vuoi dire. Vabbe', dài, andiamo a vedere ai grandi magazzini, magari li troviamo.

Altoparlante: *Informiamo i gentili clienti che al nostro reparto casalinghi al terzo piano è in cor… una dimostrazione pratica dell'uso delle nuove pentole Slimline, le pentole che rendono la vita facile a chi ama la cucina e la linea!*

Giulia: A che piano dobbiamo andare?
Marina: Mi sembra al secondo…

Altoparlante: *Moda uomo, donna, bambino e casual, abbigliamento per ogni occasione sportiv… ed elegante al primo e al secondo piano, sconti fino al 40% su tutte le migliori mar…*

Marina: Mamma mia, che confusione!
Giulia: Che ci vuoi fare? È il primo giorno di saldi!
Marina: Che taglia porti?
Giulia: La 42, ma di certi modelli anche la 44.

Altoparlante: *Visitate il nostro reparto profumeria al p… terra e chiedete al nostro personale specializzato una consulenza individualiz… per la cura della vostra pelle. Le nostre visagiste sono a vostra disposizione per … prova gratuita della nostra nuova linea d… cosmetici.*

[…]

Marina: Allora, sei contenta del tuo acquisto?
Giulia: Sì, proprio! E poi ho speso veramente poco…
Marina: Hai visto? Tu che non ti fidavi dei saldi… Per fortuna avevano ancora una 42.
Giulia: E proprio del modello che cercavo!
Marina: Eh, sì, meno male che siamo venute subito il pr… giorno. Hai fatto un vero affare!

QL 5

Frammento 1

Giulia: Eccoli, guarda. Però! Sono scontati del 30% vedi una 42?
Marina: No, qui non c'è. Chiediamo alla commessa.

Giulia: Scusi, di questi pantaloni ce l'avrebbe una 42?
Commessa: Guarda, quello che è rimasto è tutto lì.
Giulia: Allora non c'è… che peccato!
Marina: Ma dài, guardiamo meglio! Guarda, Giulia, questa è una 42!

Frammento 2

Giulia: Ehi, Marina, guarda questi pantaloni, che meraviglia!
Marina: Sì, ma non sono quelli anni '60 che dicevi tu…
Giulia: Sì, però sono bellissimi, non ti pare?
Marina: A dire il vero io non me li metterei mai.
Giulia: E perché? Sono originali…
Marina: Beh, ecco… io preferisco modelli meno eccentrici.

Frammento 3

Marina: Eccoli, sono questi, no?
Giulia: Sì… Cioè no, non proprio. Vedi, quelli che cerco io sono elastici qui sulla gamba e poi morbidi in fondo. Questi invece sono stretti in fondo, e poi hanno le tasche applicate.
Marina: Beh, però anche questi sono carini.
Giulia: Sì, è vero… Beh, se non trovo gli altri, potrei prendere questi. Quanto costano?
Marina: 85 euro…
Giulia: Mamma mia! Ma cos'hanno, sono d'oro?

b

Commessa: Dimmi.
Silvio: Buongiorno. Vorrei fare un regalo alla mia ragazza, ma non so cosa scegliere. Mi potrebbe mica dare qualche idea?
Commessa: Sì, vediamo… Hai già pensato se andare su un profumo, oppure su un articolo di bigiotteria, o qualcosa per il trucco…?
Silvio: Mah, preferirei regalarle un profumo, ma non posso spendere molto.
Commessa: Ho capito. Allora, ti faccio vedere dei profumi che ci sono arrivati la settimana scorsa. Non sono molto cari.
Silvio: Va bene. Grazie.
Commessa: Ecco, "Limefresh" è molto fresco ed è adatto a una ragazza sportiva. Prova a sentire se ti piace.
Silvio: Mmm, non è male. Quanto viene, scusi?
Commessa: 40 Euro. "Daisy", invece, va bene per le ragazze a cui piacciono i profumi dolci. È questo qui.
Silvio: Insomma… mi sembra un po' troppo dolce. Quanto costa?
Commessa: Questo costa 30 euro.
Silvio: Ecco … a dire il vero non vorrei spenderne più di 20.
Commessa: Posso ancora farti sentire "Solo rosa", che è molto delicato e adatto alle giovanissime. Costa 22 euro, ma ti posso fare un piccolo sconto.
Silvio: Ah, grazie. … Sì, questo mi piace. Va bene, prendo questo.
Ecco, cinque … dieci …… e venti.
Commessa: Perfetto. Grazie.
Silvio: Grazie a Lei. Arrivederci.

c

Giornalista: Signora, scusi, Lei che ne pensa dei saldi?
I Signora: Ah, guardi, io compro sempre e solo in periodo di saldi. Mi trovo veramente benissimo. Prima che inizino, "punto" già gli articoli che

voglio comperare e poi, appena i saldi cominciano, faccio i miei acquisti.
Giornalista: Cosa Le piace di più di questi periodi?
I Signora: Beh, i prezzi bassi innanzi tutto, l'idea di andare a caccia di una cosa che ti piace e di aver speso poco. La sensazione di avere fatto un affare, insomma, anche se poi magari non è vero.

Giornalista: Scusi… posso farle una domanda? Lei fa acquisti in periodi di saldi?
II Signora: Sì, qualche volta sì…
Giornalista: Non spesso?
II Signora: No, io non sono mica sempre soddisfatta dei miei acquisti, sa, qualche volta ho anche preso delle belle "fregature"…
Giornalista: Tipo?
II Signora: Beh, un volta ho comprato una giacca che sembrava scontatissima, invece poi ho scoperto che il prezzo era uguale a prima dei saldi, me l'ha detto una mia amica che l'aveva già vista.
Giornalista: Lei non decide che cosa vuole comprare prima dell'inizio dei saldi?
II Signora: No, lo so che in teoria sarebbe meglio, ma non lo faccio mai…

Giornalista: Scusa, ti posso fare qualche domanda? Sto facendo un'inchiesta su cosa ne pensa la gente dei saldi.
Ragazzo: Io sono contentissimo quando cominciano i saldi!
Giornalista: Compri spesso nei saldi?
Ragazzo: Sì, ma anche se non compro vado in giro per i negozi e vedo quello che c'è. Durante i saldi hai quasi l'impressione di avere più soldi…
Giornalista: E cosa compri, per esempio?
Ragazzo: Generalmente roba da vestire, e scarpe. Soprattutto roba sportiva, magari di marca.
Giornalista: E i tuoi acquisti sono sempre un successo?
Ragazzo: Mah, sì, finora sì. Naturalmente, però, bisogna scegliere bene e andare subito nei primi giorni, così c'è più scelta.

Unità 2 - Sezione 2

a

Mauro: Oh, no, questa non ci voleva!
Fabio: Che c'è, Mauro?
Mauro: Mi si è rotto lo scarpone destro!
Fabio: Rotto?? Ma dài, figurati, si sarà sganciato!
Mauro: Sì è rotto, ti dico. Guarda qui, vicino alla caviglia. Questo gancio non tiene più, qui si è proprio rotto.
Fabio: Caspita, ma non è possibile! Ma non li avevi appena comprati?
Mauro: Sì, però erano di seconda mano. Me li ha venduti il cugino di Salvatore, a lui non andavano più. Però, mica me li ha regalati, glieli ho pagati cari e salati! Accidenti, che rabbia!
Fabio: Ma dici che non si possono più aggiustare?
Mauro: Figurati! Guarda qui, Fabio, questa è plastica, non si può cucire. Ci mancava anche questa, dopo tutte le cose che mi sono capitate da quando siamo qui. La prossima volta che mi dicono di andare a fare una settimana bianca, col cavolo che ci vado!
Fabio: Dài, Mauro, non prendertela così. Sono cose che

possono succedere. Se ce la fai a scendere
con quello scarpone, andiamo fino laggiù in fondo
e lasciamo gli sci vicino al gabbiotto dello skilift.
Poi entriamo in paese e andiamo a vedere in quel
negozio sportivo che abbiamo visto ieri. Possiamo
chiedere, magari te li riparano o te ne affittano un
altro paio per tre giorni.

Mauro: Sarà ... Vedrai che con la sfortuna che ho in questi
giorni, come minimo non hanno il mio numero, o
non li affittano proprio.

Fabio: Senti, adesso piantala con il tuo pessimismo. Ora si
va giù e basta.

Mauro: Va be', andiamo un po' a vedere. Tanto, peggio di
così ...

b1

Commesso: Salve.
Grazia: Ciao. Cercavo un completo da aerobica.
Commesso: Sì, che taglia?
Grazia: Di solito porto la 44.
Commesso: Allora ti faccio provare una media, poi vediamo.
Preferisci i fuseaux o gli shorts?
Grazia: Veramente non saprei ... forse gli shorts.
Commesso: Dunque, ti faccio vedere questi che sono in
jersey elasticizzato. È la linea fitness di Arks,
veste molto bene. Ci sono sia gli shorts con il top
che il body. Come ti sembrano?
Grazia: Il top mi pare un po' troppo .... no no, non mi
sembra il caso di far vedere la pancia a tutti.
Com'è il body, è comodo?
Commesso: Comodissimo. Questo è molto resistente ma dà
anche molta libertà di movimento.
Grazia: Quanto viene?
Commesso: 64 Euro e 75, 125.000 lire, ma ti posso fare,
vediamo... 60.
Grazia: Mi sembra un po' caro. E una canotta da
abbinare ai pantaloncini, ce l'avresti?
Commesso: Come no? C'è questa qui in cotone traspirante,
se vuoi ce l'ho anche in blu e bianco. Altrimenti,
sempre della stessa marca ho anche un modello
abbastanza aderente elasticizzato; c'è nero o
rosa. Il rosa personalmente lo trovo molto bello.
Se invece vuoi qualcosa con le maniche, devi
andare su un modello più morbido.
Grazia: No, no, la T-shirt no, questa canotta blu mi
sembra proprio carina. E la qualità, com'è? Non
è che dopo due volte che la lavo si restringe
subito?
Commesso: No, assolutamente, figurati. E poi il jersey ha il
vantaggio che si lava e si asciuga in un niente.
Allora, che te ne pare?
Grazia: Sì, i pantaloncini con la canotta li trovo più adatti
a me del body. Quanto costano?
Commesso: I pantaloncini costano 16 Euro, la maglia 20 e 75,
ma se ne prendi due la seconda ti costa solo 11
Euro. È un'offerta speciale che facciamo in
questi giorni.
Grazia: Caspita, mi sembra veramente un affare ... OK,
prendo i pantaloncini e queste due canotte.
Commesso: D'accordo. Accomodati pure alla cassa.
Grazia: Grazie.

Unità 2 - Sezione 3

a

Piero: Massimo, sono qui, guarda, li ho trovati.
Massimo: Chi?
Piero: Gli Almamegretta. Eri tu che li cercavi, no?
Massimo: Ah, sì che li cercavo. Però l'altro ieri, quando
sono venuto, mi hanno detto che erano esaur
che fino alla prossima settimana non arrivava
Com'è possibile?
Piero: Oh, non so che dirti, questo è anche l'ultimo
uscito.
Massimo: È vero... Che rabbia, avrei voluto regalarlo a
Giovanna, ma ormai le ho comprato un'altra
cosa. Le sarebbe piaciuto di sicuro.
Però ... Io quasi quasi me lo compro per me.
Piero, tu che dici?
Piero: Ma perché invece non te ne prendi uno dei
"Modena City Ramblers"?
Massimo: I Modena? No, grazie, non li reggo proprio. A
il folk-rock non piace per niente, e poi non
sopporto i cantanti che fanno gli impegnati
socialmente solo per far soldi.
Piero: Beh, non esagerare, dài. Le loro canzoni hanr
dei bei testi, li conosci?
Massimo: Sì, ma gli Almamegretta li trovo molto più
originali come sound.
Piero: Ma non cantano in napoletano? Io le canzoni
dialetto le detesto.
Massimo: Ma scherzi? Innanzi tutto non cantano sempr
dialetto, e poi se c'è un dialetto musicale al
massimo è proprio il napoletano. Scusa, non
dire che Pino Daniele non ti piace.
Piero: Sì che mi piace, ma è un altro genere.
Comunque, questo CD te lo compri o no?
Massimo: Ma sì, va, lo prendo. Vado un attimo alla cass
Mi aspetti all'uscita?
Piero: Sì, ti aspetto là vicino ai poster.

b

Anna: Cristina .... ciao!
Cristina: Ehi, ma guarda chi si vede! Anna, che sorpresa
Ma, scusa, tu cosa ci fai qui?
Anna: Sono venuta insieme a Marco; lui e quello che
organizzato la festa, coso, come si chiama ...
Samuele, sì, sono cugini.
Cristina: Marco chi? Vuoi mica dire Marco Galeati?
Anna: Sì, lui. Non lo sapevi che è..., sì, insomma, io e l
stiamo insieme.
Cristina: Cosa?!? Davvero?! Questa poi... Pazzesco, chi
l'avrebbe mai pensato! Ma se in classe tutti ha
sempre detto che Marco era troppo intellettual
che per lui c'era solo lo studio!
Anna: Sul serio?!? Si vede proprio che non lo conosc
bene.
Cristina: E dove lo hai incontrato, scusa?
Anna: Beh, non ci crederai.... da 'Settenote', il negozi
musica vicino a piazza della Repubblica. Eravar
andati tutti e due a comprare dei biglietti per il
concerto di Baglioni, ed è finita che ci siamo ar
insieme.
Cristina: Incredibile! Ma ti piace Claudio Baglioni? Sara
vent'anni che canta. Io non lo reggo, con quell'
da eterno ragazzino, e invece ha già quarant'ar
suonati.

Anna: Guarda che ti sbagli proprio, sai, Baglioni è un mito. Avresti dovuto sentirlo al concerto, che fra l'altro era pieno di gente della nostra età. Il nuovo album è semplicemente una figata.

Cristina: Mah, sarà ... Come si intitola?

Anna: "Viaggiatore sulle code del tempo". I testi sono tutti bellissimi, anche se in certi punti sono un po' difficili.

Cristina: Beh, magari un giorno che vengo a casa tua mi fai sentire qualcosa, così vediamo se riesci a farmi cambiare idea.

Anna: Sì, solo che l'ultimo album non ce l'ho ancora. L'ho cercato ieri da Settenote, ma mi hanno detto che lo avevano finito.

Cristina: Sai cosa? Andiamo a farcelo mettere dal dj. Ce l'avrà di sicuro. E lo facciamo dedicare a te ... e a Marco!

Anna: No, no, non scherzare, la dedica no! ...

Unità 3 - Sezione 1

a2

Mario — Ehi, Carlo, hai visto? Domenica c'è di nuovo "Puliamo il mondo". Ci andiamo anche noi?

Carlo — "Puliamo il mondo"? ... Ah, sì, quella cosa di Legambiente. E' la giornata mondiale di pulizia delle città, no? E che si dovrebbe andare a fare, spazzare le strade di Roma tutto il giorno? Io non ne ho mica tanta voglia!

Mario — Macché spazzare le strade! Andrea, tu non ci eri andato l'anno scorso?

Andrea — Sì, ci sono stato ed è stato abbastanza divertente. Per partecipare ti devi iscrivere e trovarti al punto di partenza ad una determinata ora. Lì si viene divisi in squadre e ogni squadra deve pulire una certa zona della città. Ti danno anche dei sacchi e dei guanti di protezione. Il bello era che c'erano pure dei premi per chi raccoglieva più rifiuti.

Carlo — E allora sai che dovremmo fare? Andare a pulire vicino al campo di calcio dove mi alleno con la squadra. Con tutto quello schifo di lattine, cicche e cartacce che c'è da raccogliere vinceremmo di sicuro!

Andrea — Ma è davvero così sporco là intorno?

Carlo — Sì, guarda, è scandaloso! Soprattutto dopo la partita del sabato pomeriggio è veramente una vergogna.

Mario — Ma, scusa, non ci sono i cestini?

Carlo — Sì, ma sono troppo pochi, e comunque la gente se ne frega... Poi il lunedì gli spazzini passano a pulire, ma dentro al campo non ci vanno perché quello è di competenza dell'Associazione calcistica.

Andrea — E loro non puliscono mai?

Carlo — In teoria sì, ma non è che lo fanno poi così spesso. Così ci sta sempre della sporcizia in giro. E' una schifezza. L'allenatore ha già protestato con l'amministrazione, ma non è cambiato niente.

Andrea — Scusa, ma è assurdo. Perché non fate qualcosa, che ne so, scrivete tutti quanti all'Associazione, rifiutatevi di pagare la quota associativa...

Carlo — Eh, sì, mi sa che dovremmo proprio farlo. Non è giusto che si vada avanti così. Ma sai come vanno queste cose, ci vuole qualcuno che prenda

l'iniziativa.

Mario — Ehi, ma per domenica, allora che facciamo, ci andiamo? Magari vinciamo pure la tessera per lo stadio!

Andrea — Sì, magari... Figurati se la danno proprio a noi!

Mario — Vabbe', almeno possiamo provare. Allora, telefono io?

c

Le inchieste del Giornale Radio. Fatti, opinioni e confronti. L'ITALIA PIÙ PULITA PER UN GIORNO. A cura di Renato Martelli.

Martelli: Erano cinquemila ieri, a Milano, i volontari di "Puliamo il Mondo", la giornata internazionale di volontariato indetta da Legambiente per sensibilizzare cittadini e istituzioni al problema dell'ambiente. Grande successo, dunque, dell'iniziativa ambientalista giunta ormai alla sua quinta edizione; un successo che ha toccato oltre 1300 Comuni in tutta Italia e che ha coinvolto scout, associazioni, famiglie, cittadini di tutte le età e ceti sociali. A Roma si sono improvvisati operatori ecologici anche il ministro dell'Ambiente Edo Ronchi, il sindaco Rutelli, il presidente dell'Enel Chicco Testa e il portavoce dei Verdi Manconi, oltre a 130 diplomatici di tutti i Paesi. Abbiamo qui in studio Ennio Rota, responsabile milanese di Legambiente. Rota, con questi dati Legambiente può dirsi più soddisfatta dei risultati raggiunti dalla giornata di ieri.

Roberta: Sicuramente l'opinione pubblica ha avuto ieri un grande messaggio positivo: l'Italia può tornare ad essere pulita, la solidarietà esiste, l'impegno anche. Ma non si può dormire sugli allori, ieri abbiamo dato un segnale, ora bisogna continuare a lavorare. Noi chiediamo al sindaco e alle autorità di pensare all'ambiente. Occorre una gestione più razionale dei rifiuti; la raccolta differenziata deve essere possibile in tutta la città e non solo in certi quartieri. Servono più contenitori per carta, plastica, vetro, indumenti. Dobbiamo riciclare tutto il possibile, l'immondizia organica non deve stare insieme a quella "secca".

Sandra: Mah... mi sa che sono i soliti bei discorsi, e l'anno prossimo siamo ancora allo stesso punto.

Roberta: Ma no, perché? Vedrai che questa volta fanno sul serio. Ormai è un problema di cui si parla molto. Io vedo sempre più gente che usa i contenitori per il vetro e la plastica, se sono abbastanza vicini a casa.

Sandra: Sarà... Probabilmente questa raccolta differenziata sta diventando anche un po' una moda, non si può più fare finta di non saperlo. Però, per esempio, qui in zona dove sono i contenitori per gli indumenti?

Roberta: A dire il vero non lo so ... saranno quelli di fianco alla fermata dell'autobus.

Sandra: Se quelli li chiami vicini a casa ...

Unità 3 - Sezione 2

a

Giornalista: Sono passati ormai più di due secoli da quando i

primi pionieri hanno aperto con fatica le vie che portano alle vette d'alta quota. Andare in montagna oggi è diventato quasi un fenomeno di massa e, rispetto ad allora, sembra di essere in autostrada. Come in autostrada ci sono le code, i sorpassi azzardati e alcuni rifugi che rovinano il paesaggio peggio degli autogrill ... L'alpinismo di massa ha rotto gli incanti della montagna, ha portato oltre i tremila metri gli aspetti peggiori del consumismo.
Abbiamo oggi con noi in studio una guida alpina del CAI, David Brenzler, che vive e lavora nell'Ortler. David, vogliamo parlare un po' di montagna? È vero che dall'alto di una montagna la prospettiva della vita cambia totalmente?

Brenzler: Sì, è così, ma per rispondere bisognerebbe scrivere un libro. Quando sei sopra i quattromila il corpo non ti basta più a capire quello che vedi.

Giornalista: Ci puoi spiegare meglio quello che vuoi dire?

Brenzler: Intendo dire che scalare una montagna con il nostro corpo è un po' come scalarla dentro di noi. Come ha detto Messner, l'alpinismo non è una conquista ma una ricerca interiore.

Giornalista: Questa mi sembra un'osservazione bellissima. Non pensi però che l'alpinismo oggi sia diventato una specie di spettacolo, sfruttato dai media e dagli sponsor?

Brenzler: No, non penso che i mass media sfruttino l'alpinismo, e nemmeno gli sponsor. Più che altro è cambiato l'atteggiamento degli alpinisti verso la montagna.

Giornalista: In che senso è cambiato?

Brenzler: Nel senso che molti alpinisti cercano soltanto il successo. Come i giovani cantanti che cercano di vincere Sanremo.

Giornalista: David, tu credi che la montagna potrà mai rimanere un'oasi di natura incontaminata?

Brenzler: E'molto difficile rispondere in due parole. Diciamo che è uno dei problemi dell'alpinismo di questi anni. Bisogna rispettare i valori della montagna, creare un filtro per impedire l'accesso a chiunque e quindi salvare anche l'ecologia.

Giornalista: Facci capire: vorresti dire che la montagna non deve essere accessibile a tutti?

Brenzler: Non proprio, ma sicuramente che si deve andare in montagna secondo le proprie possibilità, non fare cose non alla nostra portata, e soprattutto bisogna ricordarci che siamo degli ospiti e non dei padroni. In altre parole, dobbiamo lasciare la montagna come l'abbiamo trovata se vogliamo che anche altri la possano vedere come l'abbiamo vista noi.

Giornalista: Sarebbe a dire: un invito a chi va in montagna a non sporcarla, ma anche a non costruire case o impianti sciistici che rovinino l'equilibrio ambientale.

Brenzler: Esattamente, anche se questo discorso è difficile per chi ama farsi le settimane bianche, che sono responsabili di un vero e proprio disastro ambientale.
L'incontro fra l'uomo e la natura della montagna diventa sempre più sterile, e allora non bisogna sorprendersi se poi gli incidenti aumentano.

b

Daniela: Dài, sbrigati, che perdiamo il treno!

Luisa: Accidenti, speriamo che non sia ancora partito!

Daniela: Forza, di qua, aspetta che guardo da che binario parte: 17... Oh, cavolo, è proprio quello in fondo!

Altoparlante: *Attenzione, prego. Si informano i signori passeggeri che il locale per Bardonecchia delle 8.55 partirà dal binario 14 anziché da binario 17. Locale per Bardonecchia delle 8.55 è in partenza dal binario 14. Ferma a tutte le stazioni.*

Luisa: Ehi, aspetta, guarda che non parte dal binario 17 ma dal 14. Magari ce la facciamo ancora!

Daniela: Muoviamoci ... oh, i biglietti! Dobbiamo ancora convalidarli, se no non sono validi.

Luisa: Cosa hai preso, andata e ritorno?

Daniela: No, solo andata, perché al ritorno spero che Roberta ci dia un passaggio in auto.

Luisa: Ecco, lo sapevo, è partito! E adesso come facciamo?

Daniela: Lo dicevo io, se ci facevamo accompagnare alla stazione in auto era meglio. Adesso chissà quando parte il prossimo!

Luisa: Vieni qui, c'è l'orario delle partenze. Ehi, guarda 10 minuti c'è l'internazionale per Modane che ferma anche a Bardonecchia. È persino più veloce!

Daniela: Sì, e anche più caro. Penso che dobbiamo pagare supplemento. Vedi qui? C'è scritto, è un rapido.

Luisa: Allora dobbiamo tornare alla biglietteria. Ce la facciamo?

Daniela: Speriamo di sì. Dài, sbrighiamoci.

Altoparlante: *Attenzione, prego. Si informano i signori viaggiatori che il treno internazionale per Modane-Lione delle 9.03 viaggia con circa 15 minuti di ritardo. Si ricorda che su quel treno i viaggiatori devono essere provvisti supplemento rapido.*

Luisa: Anche il ritardo ci voleva! E adesso ci conviene ancora comprare 'sto biglietto? Non è meglio prendere il prossimo locale?

Daniela: Se lo sapevamo, potevamo chiedere gli orari degli autobus in agenzia. Magari ce n'era uno più comodo.

b1

Attività

1. - Sara, ma sei ancora lì? Se non ti sbrighi un pochino arriviamo in tempo!
   ~ Ho finito, ho finito. Due minuti, mi vesto e arrivo, ok?

2. - ... allora quando arriviamo ti chiamo subito, va bene? Oddìo, mi manchi già adesso...
   ~ E muoviti, dài, che lo hai salutato mezz'ora fa! Guarda che il treno non aspetta mica noi!
   - Ciao, ti saluto che se no perdo il treno. Ciao, ciao ciao, sì, un bacio ... ciao!

3. - Forza, Giulia, vestiti, che se no fai tardi a scuola!
   ~ Oh, ma ho sonno!
   - E allora stasera vai a letto prima. Dài, su!

4. - Ehi, sbrigati, sta arrivando l'autobus!
    ~ Arrivo, accidenti, 'sto zaino pesa un quintale! Vai tu, prova a chiedergli di aspettare un attimo!

5. - Dai, forza, passaa!
    ~ Tira, muoviti, vai ….. GOOOOL!

QL 9

1° annuncio	Attenzione. Treno intercity in transito al binario 10. Allontanarsi dai binari.
2° annuncio	Attenzione prego. I passeggeri in partenza per Roma Fiumicino sono pregati di recarsi all'imbarco, uscita 6.
3° annuncio	Attenzione, prego. Alitalia.Volo AZ 224 in partenza per Cagliari. Imbarco immediato, uscita 2.
4° annuncio	Si informano i signori passeggeri che le prenotazioni per i vagoni letto possono essere effettuate allo sportello 13.
5° annuncio	I passeggeri in partenza con il charter 884 per Londra sono pregati di attendere l'accompagnatore presso il banco informazioni.
6° annuncio	Si ricorda a tutti i viaggiatori che sul rapido "Raffaello" delle 14.06 per Firenze è necessario essere muniti di prenotazione e di supplemento.
7° annuncio	Interregionale per Venezia in arrivo sul quarto binario. Ferma a San Bonifacio, Vicenza, Padova, Mestre e Venezia Santa Lucia.

Unità 3 - Sezione 3

a

Guida:	Buongiorno a tutti, e benvenuti all'acquario di Genova, che come forse sapete è il più grande parco marino d'Europa. L'acquario è costituito da 40 vasche, più le 19 della Nave Blu, per una superficie totale di 9.400 metri quadrati. La visita che faremo oggi durerà circa due ore e mezzo.
Sara:	Due ore e mezzo… Accidenti, che sfacchinata!
Guida:	Prima di incominciare, un paio di raccomandazioni. Vi chiedo innanzi tutto di restare tutti insieme; se volete farmi delle domande, fatemele pure senza problemi, ma cercate di non parlare tutti insieme. L'acquario, come vedete, è molto affollato, cerchiamo di mantenere un minimo di ordine; soprattutto, non andatevene per conto vostro da un'altra parte, rischiereste solo di perdervi.
Francesca:	Scusi, le foto si possono fare?
Guida:	Sì, ma ricordatevi che è vietato usare il flash per scattare le foto perché spaventerebbe i pesci e i cetacei. Fatene magari un paio nelle vasche più illuminate, ma comunque non è permesso avvicinarsi a più di 50 cm. dalle vasche con la macchina fotografica. Se volete delle belle foto dei delfini, ne troverete nella documentazione riservata alle scuole che vi daranno all'uscita.
Guida:	Questa è la vasca delle razze. La ricostruzione di questo ambiente è stata fatta in modo tale che il visitatore possa trovarsi a pochi centimetri dalle creature marine, così da farvi veramente provare l'esperienza di entrare a contatto con la vita del mare.
Sara:	Ehi, Francesca, vieni a vedere, sembra di toccarle!
Guida:	Mi raccomando, non spaventatele, rispettatele nel loro ambiente naturale.
Francesca:	Senta, ma le razze sono anche loro dei cetacei?
Guida:	No, le razze sono dei pesci. Diciamo che sono delle cugine degli squali, e come loro non hanno delle ossa vere e proprie, ma uno scheletro costituito da cartilagine. Bene, ora andremo all'ultima vasca, quella delle onde sulla scogliera. Vi prego poi di proseguire da soli per quella porta, troverete l'uscita e lì ci sarà una persona ad aspettarvi con il materiale didattico. Spero che la visita vi sia piaciuta; avete potuto vedere da vicino il pianeta della Vita, il mare. Pensateci quando sarete a casa vostra, pensate al fatto che queste risorse della natura non sono affatto inesauribili. Hanno bisogno del nostro amore e del nostro rispetto per l'ambiente. Spetta a noi, a voi, far sì che fra cento anni la gente possa ancora vedere queste cose. Non dimenticatevelo!

SG 1/I

1. Se volete farmi delle domande, fatemele pure senza problemi.
2. Ricordatevi che è vietato usare il flash per scattare le foto perché spaventerebbe i pesci e i cetacei. Fatene magari un paio nelle vasche più illuminate.
3. Questa è la vasca delle razze. Mi raccomando, non spaventatele!
4. Rispettatele nel loro ambiente naturale.
5. Pensateci quando sarete a casa vostra.
6. Spetta a noi, a voi, far sì che fra cento anni la gente possa ancora vedere queste cose. Non dimenticatevelo!

LT b

Professore:	Allora, ragazzi, Corniglia è il paese che sta là sopra. L'autobus resta ad aspettarci qui. Adesso sono quasi le due, per cui abbiamo più di tre ore di tempo. Direi che è meglio se cerchiamo di restare tutti insieme. Se comunque qualcuno di voi rimane indietro, non è grave, purché tenga conto che si riparte alle cinque precise. Mi raccomando la puntualità, altrimenti vi lasciamo qui, eh?
Sara:	Ah, ma allora in questa gita ce l'hanno proprio con le camminate! Guarda un po' quanti scalini ci sono per arrivare là su! Ma dobbiamo proprio farcela tutta a piedi?
Francesca:	A meno che tu non voglia provare a fare l'autostop per strada, mi sa che ti devi rassegnare. Dài, forza, chissà che vista sul mare si vede da lassù!
Sara:	Sì, bella consolazione… purché almeno ci sia un bar dove bere qualcosa in quel posto sperduto.
Francesca:	Cribbio, sulla guida c'era scritto un'ora e guarda qua, è già quasi un'ora e mezza che scarpiniamo!
Sara:	Oddìo, non ce la faccio più …

Francesca:	Coraggio, questi devono essere gli ultimi scalini….. Accidenti, che mare! Guarda!
Sara:	Però, perlomeno ne valeva la pena … Ehi, hai visto quanti ulivi ci sono là dietro? E lassù è tutto un bosco. Dici che anche qui d'estate ci sono gli incendi dolosi? Stamattina sul giornale c'era di nuovo un articolo che parlava proprio della Liguria.
Francesca:	Mah, secondo me questa zona è abbastanza protetta. Guarda là, c'è un camion degli uomini della forestale.
Sara:	Professore, scusi, possiamo andare fino a quell'uliveto?
Professore:	Sì, se volete, quello è l'inizio del sentiero che attraverso la macchia mediterranea porta a Vernazza; il paesaggio è spettacolare. A patto però che torniate qui, davanti a questo bar sulla piazza, … diciamo fra mezz'ora, va bene?
Francesca:	E se invece vogliamo scendere giù al mare, di qui si può?
Professore:	Beh … sì, basta che tu abbia voglia di farti altri 365 scalini a piedi, prima a scendere … e poi a salire!

Unità 4 - Sezione 1

a1

Ancora una rapina a mano armata in Puglia. L'assalto è avvenuto in un supermercato nel quartiere Settefrati, periferia popolare di Barletta, pochi minuti prima della chiusura. Tre rapinatori armati hanno minacciato i clienti che ancora si trovavano alle casse, facendosi consegnare dal personale gli incassi della giornata. I banditi sono poi fuggiti con un bottino di circa 300 milioni. Non ci sono stati feriti, solo una delle clienti, una donna di 75 anni, si è sentita male subito dopo la rapina ed è stata trasportata al pronto soccorso in stato di shock. Immediatamente sono scattate le ricerche, che finora non hanno ancora dato risultati. Dalle ricostruzioni della rapina effettuate dai clienti e dal personale del supermercato, la polizia ha potuto tracciare un identikit dei tre malviventi. Si tratta di tre giovani presumibilmente italiani, due di corporatura robusta e altezza media e uno più esile e più alto, tutti e tre di età fra i 25 e i 30 anni. Quello più magro ha i capelli piuttosto lunghi, e al momento della rapina indossava un giubbotto chiaro corto in vita e un paio di jeans. Per gli altri due, si cercano un uomo quasi del tutto calvo con barba e baffi neri, ed un uomo con occhiali spessi, capelli corti e castani e carnagione chiara, con una cicatrice sul naso. Gli identikit dei malviventi sono stati diffusi ai media locali; viene richiesto a chiunque li avvistasse di presentarsi immediatamente al più vicino posto di polizia.

a2

Intervistatrice:	Simone, allora, questa è la foto della tua classe. Vuoi parlarci dei tuoi compagni?
Simone:	Sì, sì. Dunque, vediamo, tanto per cominciare io sono il quarto da sinistra della prima fila, con la polo e le scarpe da ginnastica. Quello vicino a me con la t-shirt bianca e il giubbotto a righe è Guido, che è anche il mio compagno di banco. Non ci

vado sempre d'accordo; lui è più estrovers[o] di me, e alle volte è anche un po' impulsiv[o], magari se la prende subito per delle cose non importanti. Non è che non sia simpatic[o], anzi, solo che bisogna saperlo prendere. Il secondo da destra, quello che ha la camic[ia] a quadretti, un po' robusto, con le spalle larghe e la faccia quadrata, è Antonio. Lui [a] calcio è una belva; se gli vai addosso ti fai male. È anche molto buono e socievole, e infatti sta simpatico a tutti. Questo qui, invece, magrolino con gli occhiali, in piedi [al] centro, è Luca ed è il secchione della classe. È uno tutto preciso, che sa sempre tutto, ma sul serio, non perché è presuntuoso. Al contrario, è un tipo piuttos[to] modesto e introverso. Io devo dire che no[n] ci parlo molto spesso insieme. Il primo a sinistra di quelli in piedi, quello piccolett[o] un po' cicciottello, invece non lo reggo proprio. Si chiama Sandro, la sa sempre più [...] lunga degli altri. Una volta ha litigato con Nicola, questo con gli occhiali e le orecch[ie] a sventola vicino alla prof., ma per una stupidata, e gli ha quasi rotto gli occhiali dandogli una spinta. E pensare che se c'è uno che va d'accordo con tutti, è proprio Nicola. È simpatico, peccato che sia un p[o'] chiuso perché è un po' bruttino. Poi vediamo, queste in seconda fila sono [le] ragazze della nostra classe; sono solo sei[,] ma meglio così che bastano e avanzano… La più simpatica è questa qua a sinistra, vicino a Raffaele. Grazia, si chiama, ha gli occhi scuri ed è molto carina. È anche un[a] tipa sportiva, è l'unica ragazza che gioca [a] calcio con noi maschi. Vicino a lei c'è Mariella e poi Simona, che sì, è carina, m[a] per conto mio è un po' montata, e poi è anche superficiale. Non l'ho mai vista sen[za] trucco, chissà come fa tutte le mattine a trovare tutto 'sto tempo per stare davanti allo specchio prima di venire a scuola. Cosa faccio, basta così o vuoi che vada ancora avanti?

Intervistatrice:	No, no, va bene, basta così. Direi che ci h[ai] già raccontato abbastanza. Grazie, Simon[e].

b1

Giornalista:	Senti, se ti dicessero che puoi esprimere un desiderio e si avvererà, tu che cosa diresti?
1° ragazzo:	Eh, io vorrei tanto passare l'esame di maturità!
2° ragazzo:	Un desiderio? Io vorrei che mi regalassero un[a] moto come quella!
3° ragazza:	Mah, non so … sarebbe bello che non ci foss[e] più la fame nel mondo!
4° ragazza:	Che tutti i bambini del mondo potessero anda[re a] scuola e potessero giocare invece di andare [a] lavorare.
Giornalista:	Dimmi un tuo desiderio per una scuola miglio[re e] noi te lo realizziamo.
5° ragazzo:	Eh, sì, magari fosse vero!
6° ragazza:	Che potessimo avere una scuola più interessante!

7° ragazzo: Se lo Stato desse delle borse di studio come in altri Paesi d'Europa, si offrirebbe la possibilità a tutti di studiare, e non solo a chi può farsi mantenere.

Unità 4 - Sezione 2

a

1. - Bravissimo!
   ~ Complimenti!
   - Grazie, non mi sembra vero! È finita!
   ~ Congratulazioni! E anche la lode, accidenti! Te l'aspettavi?
   - Ma no, figurati, non ci speravo nemmeno! Non riesco neanche a crederci!

2. - ... tanti auguri, Marina, tanti auguri a te!
   ~ Buon compleanno!
   - Tanti auguri, vecchiona!
   ~ Grazie, ma che carini! Anche il regalo, ma non dovevate! Ora lo apro, chissà cosa c'è dentro!

3. - Ciao, Daniela, buon onomastico!
   ~ Ciao, grazie, come fai a sapere che oggi è il mio onomastico?
   - Eh, segreto ... No, scherzo, ho visto per caso sulla mia agenda che oggi è san Daniele.
   ~ Pensa che io me ne ero completamente dimenticata!

4. - Ma che cos'hai alla gamba, ti fa male?
   ~ Lascia perdere, non ti ricordi che avevo avuto quell'incidente un po' di tempo fa? Mi devono rioperare per togliermi i chiodi.
   - Caspita, ma sarà un'operazione lunga?
   ~ Mah, speriamo di no. Questa volta spero di cavarmela in una settimana.
   - Ehi, sta arrivando il tram, devo scappare. Oh, ci vediamo e ... auguri per la gamba!
   ~ Grazie, ciao!

5. - Sandra, non è domani che hai l'esame?
   ~ Guarda, non me ne parlare, ho una fifa... Mi sembra di non sapere più niente.
   - Ma dài, che sarà un mese che non fai altro che studiare, tu!
   ~ Sì, ma sono così agitata... Basta che mi dia la sufficienza, che non ne posso più!
   - Coraggio, vedrai che andrà bene. Mi fai sapere domani sera?
   ~ Sì, ti chiamo io.
   - Allora, mi raccomando, cerca di stare tranquilla e ... in bocca al lupo!
   ~ Sì, crepi!

a3

Teresa: Pronto, ciao Sabrina, sono Teresa...
Sabrina: Ciao Teresa, come stai?
Teresa: Insomma, tu?
Sabrina: Io bene, ma... perché dici "insomma"? Qualcosa non va?
Teresa: No, sì... ecco...
Sabrina: Teresa, cosa c'è? Cos'è successo? Dai, non fare così, c'è qualcosa che non va con Paolo?
Teresa: Sì...
Sabrina: Dai, dimmi...
Teresa: Niente, ci siamo lasciati.
Sabrina: Lasciati? Ma se fino a ieri eravate la coppia più bella del mondo!
Teresa: E pensare che la settimana scorsa era un mese che stavamo insieme...
Sabrina: Ma chi è stato? L'hai lasciato tu o ti ha lasciato lui?
Teresa: Io, l'ho lasciato! Ma sai perché?
Sabrina: Perché?
Teresa: Si è preso una cotta per Roberta!
Sabrina: Ma se Roberta è insieme a Carlo da una vita!
Teresa: No, si sono mollati già da un po'...
Sabrina: Teresa, senti. Sei a casa?
Teresa: Sì.
Sabrina: Allora, ti va bene se vengo da te fra mezz'ora?
Teresa: Ti ringrazio, ma è meglio di no. E poi fra poco vado in palestra.
Sabrina: Allora facciamo stasera dopo cena, cosa ne dici?
Teresa: Beh, va bene, se vuoi venire, io sono contenta...
Sabrina: Allora, facciamo alle nove e mezzo a casa tua, ok?
Teresa: Forse sarebbe meglio un po' prima, così abbiamo più tempo...
Sabrina: Certo! Verso le otto e mezzo, che ne dici, ti va?
Teresa: Sì, mi sembra una buona idea.
Sabrina: Allora siamo d'accordo così.
Teresa: Va bene. E grazie Sabrina, sei proprio un'amica.
Sabrina: Figurati! A dopo allora, ciao!
Teresa: Ciao, a dopo.

b

Primo dialogo

ragazza: Oh, era ora che arrivassi!
ragazzo: Ciao, mi dispiace, sono un po' in ritardo.
ragazza: Un po' in ritardo? Ma se è quasi mezz'ora che ti aspetto!
ragazzo: Ma non è colpa mia! Ho ricevuto una telefonata proprio quando stavo per uscire! Non prendertela, dài!
ragazza: È che è ogni volta è la stessa storia... e ogni volta c'è una scusa buona!
La prossima volta dopo un quarto d'ora me ne vado.
ragazzo: Senti, ti ho detto scusa no? Cosa devo fare ancora per farmi perdonare?
Dai, cerchiamo di non litigare per una cosa così. Ti prometto che d'ora in poi farò del mio meglio per essere puntuale. Allora, che fai, mi perdoni? Se ti do un bacio riesco a farti sbollire un po'?
ragazza: Mmh... beh, per stavolta passi. Ma che sia l'ultima volta, ok?

Secondo dialogo

ragazza: Oh, scusami, scusami tanto, non l'ho fatto apposta!
ragazzo: Eh, ma insomma, stai attenta, no? Guarda cosa hai fatto: adesso devo rifare tutto il disegno da capo!
ragazza: Mi dispiace, proprio, non volevo ... Posso darti una mano?
ragazzo: No, no, non importa, dài. Pazienza. Tanto mi era anche venuto male.

Terzo dialogo

ragazza: Senti, ti volevo chiedere scusa per ieri. Forse sono stata un po' impulsiva.
ragazzo: Tu non ti rendi conto che con le tue reazioni puoi ferire la gente. Ieri sera non riuscivo neanche a

dormire, tanto ci sono rimasto male.

ragazza: Ti prometto che non succederà più.

ragazzo: Va be', mettiamoci una pietra sopra e non parliamone più.

Quarto dialogo

ragazzo: Professore, volevo scusarmi perché non ho potuto preparare la relazione.

Professore: Ah, e come mai?

ragazzo: Ieri ho avuto mal di denti tutto il giorno e non sono proprio riuscito a fare niente.

Professore: Mi dispiace per il tuo mal di denti, però non si dovrebbe mai arrivare a fare le cose all'ultimo momento, non ti pare?

ragazzo: Eh, ha ragione. Gliela posso portare lunedì?

Professore: Per questa volta, passi, ma dovresti forse organizzare meglio il tuo tempo, che ne dici?

Unità 4 - Sezione 3

a1

Renato: (starnutisce)

Marta: Salute! Ma Renato, devi proprio sempre fare sei starnuti uno dietro l'altro? Le persone normali, almeno, ne fanno al massimo due.

Renato: E non mi prendere in giro, almeno! Sarà una settimana che mi porto dietro 'sto maledetto raffreddore e mi sembra che vada sempre peggio invece di passarmi.

Marta: Hai provato con l'aspirina?

Renato: Ma che aspirina e aspirina! L'ho presa per qualche giorno, ma non mi ha fatto assolutamente niente, per cui ho smesso di prenderla.

Marta: Però qualcosa dovresti fare, se dici che dopo una settimana non ti è ancora passato. Stai attento che non si trasformi in bronchite o sinusite. Hai altri sintomi oltre al raffreddore?

Renato: Sì, ho male dappertutto, braccia, gambe … E ho sempre un po' di mal di testa. Però non ho febbre, e questa è la fregatura, perché mica stai a casa se sei solo raffreddato!

Marta: Se fossi in te, farei un salto dal dottore, o quantomeno mi farei dare qualcosa in farmacia. I raffreddori trascurati possono diventare pericolosi.

Farmacista: Desideri?

Renato: Vorrei qualcosa che mi aiuti a farmi passare il raffreddore.

Farmacista: Hai anche tosse, febbre?

Renato: No, solo raffreddore, ma ho mal di testa tutto il giorno, e dura già da più di una settimana; invece di andare meglio, peggiora sempre di più.

Farmacista: Mmm.... Che tipo di mal di testa hai? … Se schiacci qui, sulla fronte, ad esempio, ti fa male?

Renato: Sì, soprattutto qui, in basso, fra le sopracciglia.

Farmacista: Ti posso dare questi granuli omeopatici da prendere dieci minuti prima dei pasti, dovrebbero aiutarti a scaricare il muco. E poi dovresti fare delle inalazioni almeno tre volte al giorno. Però, se nel giro di un paio di giorni non migliora, ti consiglio di farti vedere, potresti avere un po' di sinusite.

Renato: Va bene, grazie. Ha detto prima di mangiare?

Farmacista: Sì, dieci minuti, un quarto d'ora prima. Te lo

scrivo anche qui.

Renato: Quant'è?

Farmacista: Sono 9 Euro e 50.

Renato: Ecco a lei. Grazie, buongiorno.

Farmacista: Salve, arrivederci.

QL 6

Uno

- Mi dica, quale le fa male? Questo?

~ Sì, questo...

- Chiuda pure la bocca e si sciacqui. Devo fare una radiografia al dente.

Due

- Scusa, hai mica un fazzoletto di carta?

~ Sì, aspetta. ... Ecco, tieni.

- (si soffia il naso)

~ Ehi, sei proprio messo male!

Tre

- Vediamo un po',,, eh sì, c'è un po' di infiammazione alle orecchie. Le prescrivo per sicurezza un antibiotico.

Quattro

- Ahi, che male a 'sto dito!

~ Ma cosa ti è successo?

- Deve essere stato mentre giocavo a pallacanestro ier

Cinque

- (tossisce)

~ Fuma, fuma, poi senti che bel risultato!

Sei

- Scusa, ti dispiace spegnere la luce? Non riesco nean tenere gli occhi aperti.

~ Mamma mia, ti viene spesso così forte?

- Una volta o due al mese, e l'unica cosa che mi fa ben stare al buio con un asciugamano bagnato in fronte.

c

padre di Piera: Pronto?

Piera: Papà, ciao, sono io.

padre di Piera: Piera, ma dove sei? Ci stavamo un po' preoccupando.

Piera: Senti, sono qui al pronto soccorso ...

padre di Piera: Al pronto soccorso? Cos'è successo?

Piera: Niente, niente, io sto benissimo, non ti preoccupare. Solo che un motorino ha investito Sergio e probabilmente si è r braccio.

padre di Piera: Ma come avete fatto? Eravate in moto

Piera: No, no, questa volta la moto non c'entr Eravamo a piedi, è una storia un po lunga, non posso raccontartela al telef

padre di Piera: Vuoi che venga lì?

Piera: Beh, se hai voglia … almeno mi fai un compagnia, che qui chissà quanto ci v ancora. Sono talmente agitata che no riesco neanche a leggere il giornale ta tremano le mani.

padre di Piera: Dieci minuti e sono lì, così mi racconti meglio.

Piera: Grazie, pa'. Ciao.

C1

padre di Piera: Ciao.
Piera: Ciao, papà. Meno male che sei arrivato.
padre di Piera: Sergio è ancora dentro?
Piera: Sì. Gli hanno appena fatto la radiografia per vedere se è rotto, ma pensano di sì. Se è così, lo dovranno ingessare, e chissà per quanto ne avrà.
padre di Piera: Ma mi spieghi adesso quello che è successo? Al telefono non ho capito niente.
Piera: Sì. Avevamo fatto spese in centro e ci eravamo fermati un po' di più da Ricordi. Così si era fatto un po' tardi e abbiamo pensato di andare alla stazione con l'autobus. Prima abbiamo ancora portato i documenti all'agenzia viaggi e poi siamo andati alla fermata del 5, che è arrivato quasi subito, ma era pieno zeppo perché era ora di punta. Mentre stavamo lì in piedi tutti schiacciati, a un certo punto Sergio si è accorto che un tizio stava infilando la mano nella borsa di una signora. Sai come è fatto Sergio, ha subito detto forte alla signora di stare attenta, ma il tipo nel frattempo era già riuscito a spostarsi vicino all'uscita facendo finta di niente. Dopo una decina di minuti eravamo quasi arrivati alla stazione e stavamo per scendere, quando Sergio ha visto che lo stesso tizio ci stava riprovando con un signore anziano. Allora si è messo a gridare che quello era un ladro e che non bisognava lasciarlo scendere, ma intanto la porta dell'uscita si era già aperta e il ladro era saltato giù. Sergio gli è corso dietro, ma poi di colpo l'altro si è fermato, si è voltato e ha cercato di picchiarlo. Allora Sergio è scivolato giù dal marciapiede, solo che proprio in quel momento stava passando un motorino, che non ha fatto in tempo a frenare e così lo ha preso in pieno. Per fortuna che il motorino andava piano, se no non so che cosa poteva succedere. Fatto sta che Sergio è caduto male e si è fatto male al braccio. E intanto alla fine il borseggiatore è riuscito a scappare e noi siamo dovuti venire al pronto soccorso con l'ambulanza. Peggio di così non poteva andare a finire!

Unità 5 - Sezione 1

a2

Anna: Cristina, ma che cos'hai? Stai ancora sui libri? Dai, basta studiare! Perché non vieni a fare un giro in centro con me?
Cristina: Sì, fai presto tu. Mica hai la maturità fra dieci giorni....
Anna: Beh, guarda che io il mio esame di maturità me lo ricordo ancora bene, sai, e so benissimo come ci si sente. Non ti sto dicendo di non studiare, ma solo di non stressarti troppo.
Cristina: Sì cara, ma questa è la nuova maturità. Ci sono un sacco di novità, sai. Hai letto le prove dell'anno scorso? Quando le ho viste mi sono sentita male. E poi la tesina. Tu mica hai dovuto farla, quella. Per

scriverla ci ho messo un sacco di tempo. Non hai idea di come mi sento io in questi giorni... Mi sembra di non sapere più niente! Me li sogno anche di notte gli esami!
Anna: Fammele un po' vedere, le prove dell'anno scorso. Sono queste qui?
Cristina: Sì, guarda. Questa è la prova di italiano. Leggi un po' che argomenti.
Quello generale, che dovrebbe essere il più facile, ti chiede di parlare del volontariato. E se uno di volontariato non ne ha mai fatto, è fregato in partenza. E di un tema sull'ecologia da scrivere tutto quanto in inglese, che ne dici, eh? Quando penso a che cosa mi aspetta fra dieci giorni mi viene... l'angoscia, ecco.
Anna: Senti, io ho letto che la nuova maturità non richiede una preparazione nozionistica, ma che tiene conto di tutto il curriculum degli studenti. Quindi stai tranquilla, tu sei sempre andata bene a scuola. Angosciarti non ti serve a niente.
Cristina: Lo so, lo so… ma quando penso a tutto quello che mi possono chiedere mi viene il panico. Ho paura di farmi prendere dall'emozione e di non farcela. E così divento pessimista.
Anna: Ma dai, adesso esageri. Sei preparata, fai del tuo meglio… cosa vuoi di più? Mamma mia, di solito sei così allegra e entusiasta, e adesso, invece, guarda qua che musona!
Cristina: Va be', Anna, senti, andiamo a farci 'sto giro in centro, ok? Vediamo se riesci a tirarmi un po' su il morale.

QL 6

1. - Mamma mia, fra mezz'ora tocca a me! Non mi ricordo più niente!
   ~ Calma, cerca di non agitarti. Altrimenti è peggio.
   - Si fa presto a dirlo. Che fifa, speriamo almeno che lo scritto sia andato bene!

2. - Possibile che a quest'ora Enzo non sia ancora arrivato? Non gli sarà mica successo qualcosa?
   ~ Ma cosa vuoi che gli sia successo? Stai tranquilla, vedrai che arriva da un momento all'altro. Lo sai che è sempre in ritardo, no?

3. - No, senti, alla festa non ci vengo. C'è anche Marco, e preferisco non vederlo.
   ~ Ma perché? Se ti piaceva così tanto!
   - Proprio per questo. Lui tanto non mi guarda nemmeno.
   ~ Sei un po' giù oggi, eh? Perché non provi ad essere un po' più ottimista? Con quell'aria così depressa, ci credo che nessuno ti viene a chiedere di ballare!

4. - Ehi, hai sentito? Forse andiamo a Londra con la scuola! Non vedo l'ora, ci pensi? Una settimana intera a Londra! I pub, le discoteche, Oxford Street ...
   ~ Oh, aspetta, non così entusiasta! Se con noi viene anche la prof di fisica, altro che discoteche! Quella alle nove e mezza ci manda tutti a letto!

5. - Ma guarda un po' quello!
   ~ Lascia perdere, Franco, datti una calmata! Non serve a niente che ti arrabbi così.
   - Ma lo hai visto? Con il motorino, per poco non ci

investiva, solo per fare il furbo!

C1

1. - Che stai facendo?
   ~ I compiti di matematica per domani, ma non ci riesco.
   - Vuoi che ti dia una mano?
   ~ Oh, grazie, se hai tempo, mi fai proprio un piacere.

2. - Scusa, hai un secondo?
   ~ Dimmi.
   - Mi potresti aprire la porta, che ho le mani occupate?
   ~ Certo, aspetta.
   - Grazie mille.

3. - Mi scusi, le dispiacerebbe aiutarmi a compilare questa scheda?
   ~ Sì, certo, che cosa vuoi sapere?
   - Devo scrivere anche l'editore del libro o bastano il titolo e l'autore?
   ~ Beh, se lo sai mettilo, altrimenti non importa.

4. - Devi spostare tutti quei banchi da solo? Serve aiuto?
   ~ No, grazie, non importa, ce la faccio da solo.

5. - Devo avvisare tutti che la festa domani inizia un'ora dopo.
   ~ Vuoi che ti aiuti a fare le telefonate?
   - No, grazie, non è il caso; telefono al primo e dico di fare catena.

6. - Ti posso chiedere un favore?
   ~ Dimmi...
   - Se hai ancora gli appunti di geografia dell'anno scorso, me li presteresti per qualche giorno?
   ~ Mi dispiace, ma penso proprio di non averli più. Comunque guardo.

Unità 5 - Sezione 2

a

Giulia: Che sollievo! Meno male che è finita. Non mi sembra neanche vero.

Laura: A chi lo dici! Anch'io non vedevo l'ora. Però non pensavo che avrebbero bocciato così tanta gente.

Giulia: Beh, però tutto sommato sono abbastanza soddisfatta del mio esame. Era più o meno il voto che speravo.

Laura: Io invece non sono per niente contenta. Ma mi sono fatta fregare dal tema, ero troppo emozionata, potevo farlo molto meglio. Pazienza, ormai è andata così, non pensiamoci più.

Giulia: Laura, tu quest'estate cosa fai?

Laura: Fino a fine agosto lavoro, poi a settembre ho l'esame di ammissione a medicina.

Giulia: Lavori? Ah, sì? E che cosa fai?

Laura: Ho trovato un lavoro stagionale alla reception di un albergo di Rimini. Volevano qualcuno che sapesse l'inglese e il tedesco perché hanno tanti turisti stranieri.

Giulia: Però, mica male! Anch'io vorrei trovare un lavoro, ma non so come.

Laura: Ah, e che cosa ti piacerebbe fare?

Giulia: Mah, a dire il vero non lo so... Se proprio devo essere sincera non ci ho ancora nemmeno pensato bene, sai, con gli esami...

Laura: Giulia, perché non vieni a Rimini con me? Nell'albergo dove vado a lavorare io cercano personale. Per esempio camerieri. E' un lavoro divertente, io l'ho fatto l'anno scorso a Jesolo.

Giulia: Mah, veramente non saprei... Non mi va tanto di lavorare di sera.

Laura: Sì, ma i camerieri hanno molte ore libere durante il giorno.

Giulia: Sarà... E poi secondo me i camerieri sono pagati poco.

Laura: Poco? E le mance dove le metti? Ma lo sai che un cameriere in una serata guadagna solo di mance anche 50 euro?

Giulia: Sarà, ma sono indecisa... Forse perché è un lavoro stressante.

Laura: Giulia, ma dai! E poi ci sono anch'io, vedrai come divertiremo insieme!
Oppure ho un'altra idea: perché non scrivi all'albergo e chiedi se hanno bisogno anche di un'altra persona alla reception? Tu oltretutto hai già esperienza, no?

Giulia: Sì, beh, l'anno scorso a Cortina ho lavorato quattro settimane proprio alla reception di un albergo.

Laura: E allora cosa aspetti?
Senti, aspetta, dovrei averlo ancora nello zaino... eccolo qui, questo è l'articolo dove io ho trovato l'indirizzo dell'albergo. Guarda, l'indirizzo è questo qui.

Giulia: Ah, sì. Beh, grazie. Forse una lettera la potrei anche mandare...

Laura: E basta con i tuoi 'forse'! Toh, tienilo pure, poi mi sapere, ok?

Giulia: Va bene, grazie. Ci provo, poi ti dico.

c

Giornalista: Siamo al termine dell'anno scolastico, ci siamo lasciati alle spalle gli esami di Stato e l'estate alle porte. Per tanti studenti è quasi scontato chiedersi: e adesso? Studiare o cercare un lavoro? O tutti e due? Il problema della disoccupazione in Italia è molto attuale anche fra i giovani, ma la ricerca del posto fisso, della sicurezza sta lasciando il posto all'esigenza di creatività. Non si tratta solo di lavorare per lavorare, ma anche di rispettare i propri sogni. Alcuni giovani hanno risolto il loro problema di lavoro in modo un po' particolare. Ecco le loro esperienze; ascoltiamole.

Arrigo: Io mi chiamo Arrigo e studio matematica all'università. Siccome non riuscivo a trovare un lavoro part-time, mi sono inventato un'agenzia viaggi telefonica e su web; praticamente, metto in contatto fra loro le persone che devono fare stesso percorso in macchina, anche all'estero. Diciamo che creo delle specie di 'car pool', e in questo modo faccio risparmiare sui costi di viaggio.

Giancarlo: Io sono Giancarlo e abito a Bari. Sono laureato in economia e commercio, ma insieme a mia sorella faccio il sarto, come mio nonno. Invece andare a lavorare in un ufficio, ho cercato di trovare un'idea originale per cui ci fossero

possibilità sul mercato. Facciamo abiti su misura per manager di tutta Italia e poi li consegnamo a domicilio. Però non facciamo tutto a mano! Un computer registra le misure dei clienti e taglia la stoffa. In questo modo non servono prove e possiamo consegnare fino a 50 abiti al giorno.

Carla: Mi chiamo Carla, abito a Bologna e studio informatica. Tre mesi fa sono stata assunta presso una società di informatica di Modena. Dato che devo ancora finire l'università e voglio ridurre il tempo perso per gli spostamenti sul luogo di lavoro, ho chiesto di poter lavorare "a distanza". E devo dire che per me il telelavoro è la soluzione del futuro. Ho trasformato la mia stanza in studio con fax, telefono e computer in rete. Per cui lavoro da casa, a volte anche in pigiama.

Sandra: Mi chiamo Sandra, abito a Genova. L'anno scorso ho preso il diploma da infermiera, e anche se potevo cominciare subito a lavorare in un ospedale, ho preferito dedicarmi ai malati che hanno bisogno di assistenza a casa e alle loro famiglie. Così ho aperto insieme a sei amiche un centro di assistenza infermieristica domiciliare, nonostante il rischio di non avere sufficienti chiamate. Un'esperienza fantastica, al punto che oggi a lavorarci siamo in 50.

Roberta: Non avrei mai pensato di poter lavorare e allo stesso tempo rendermi socialmente utile, e invece oggi lavoro 18 ore alla settimana in una cooperativa per disabili. Qui farò anche la mia tesi di laurea sulle organizzazioni no-profit. Insomma, i miei sogni, il lavoro e lo studio in una stessa realtà.

Finito di stampare nel mese di novembre 2000
da Guerra guru s.r.l. - Via A. Manna, 25 - 06132 Perugia
Tel. +39 075 5289090 - Fax +39 075 5288244
E-mail: geinfo@guerra-edizioni.com

20- 725 0214